Rudolf von Jhering

Beiträge
zur
Lehre vom Besitz

Elibron Classics
www.elibron.com

Elibron Classics series.

ISBN 1-4212-4302-4 (paperback)
ISBN 1-4212-4301-6 (hardcover)

This Elibron Classics Replica Edition is an unabridged facsimile of the edition published in 1868 by Mauke's Verlag (Hermann Dufft), Jena.

Beiträge

zur

Lehre vom Besitz.

Von

Dr. Rudolf Ihering,

Geh. Justizrath und Professor an der Universität Gießen.

Aus den „Jahrbüchern für die Dogmatik des heutigen römischen und deutschen Privatrechts" Bd. IX. besonders abgedruckt.

Jena,

Mauke's Verlag.

(Hermann Dufft.)

1868.

I.

Beiträge zur Lehre vom Besitz.

Von

Rudolf Ihering.

Keine romanistische Monographie hat so viel Bewunderung und Anerkennung auf der einen und so viel Widerspruch auf der andern Seite erfahren, als die von Savigny über den Besitz, — Beides, wie ich glaube, mit demselben Recht. Unvergänglich und unantastbar bleibt ihr der Ruhm, zuerst den Geist der römischen Jurisprudenz in unsere civilistische Dogmatik zurückgeführt zu haben, und wie viel und wie wenig immerhin auch von ihren positiven Resultaten bestehen bleiben oder fallen möge, jenem Verdienste geschieht damit nicht der geringste Abbruch. Aber ebensowenig darf und wird die vollste Anerkennung dieses Verdienstes unsere Wissenschaft abhalten, die Savigny'schen Ansichten einer erneuten Prüfung zu unterziehen, und auch das Anathema, welches Puchta einst im Unmuth und Ueberdruß über den endlos sich ergießenden Strom der Besitzesliteratur jedem neuen Zweifler gedroht hat, wird, wie die Erfahrung gezeigt hat und täglich von Neuem zeigt, der Skepsis keinen Halt gebieten. Denn in der That fordert das Savigny'sche Werk wie kein anderes die Kritik heraus, nicht etwa in Einzelnheiten, sondern in seinen Grundlagen und Grundanschauungen, und es würde in meinen Augen geradezu ein Beweis des absterbenden wissenschaftlichen Sinnes und Urtheils, der Altersschwäche sein, wenn sich unsere Wissenschaft bei den ungelösten Räthseln beruhigen wollte, welche die Savigny'sche Theorie für den Besitz geschaffen hat.

So lange ich mir ein selbstständiges wissenschaftliches Urtheil zuschreiben darf, habe ich mich mit dieser Theorie in wesentlichen Punkten in Widerspruch gefühlt, ich habe es jedoch für meine Pflicht gehalten, meiner Ansicht vorerst keinen öffentlichen Ausdruck zu geben, um sie die Probe stets erneuter Prüfung bestehen zu lassen. Letzteres ist inzwischen in reichem Maße geschehen, und so wenig ich darin eine objective Garantie der Wahrheit zu finden geneigt bin, so glaube ich doch subjectiv nichts versäumt zu haben, um mich der letzteren zu bemächtigen. Der erste Anstoß, den ich an der Savigny'schen Besitzlehre nahm, betraf die Theorie vom animus domini, und schon seit 1846 habe ich in meinen Vorlesungen im Wesentlichen dieselbe Ansicht darüber vorgetragen, die ich im dritten Beitrag entwickeln werde. Dazu gesellten sich nach und nach einige andere Differenzpunkte, insbesondere die Lehre von dem constitutum possessorium sowie die Frage nach dem Grunde des Besitzesschutzes und der rechtlichen Natur des Besitzes. Dieselben bilden den Gegenstand der folgenden Beiträge und werden sich in dieser Ordnung folgen:

I. Grund des Besitzesschutzes.
II. Rechtliche Natur des Besitzes.
III. Der animus domini.
IV. Das constitutum possessorium.

Erster Beitrag.

Der Grund des Besitzesschutzes.

I.

Uebersicht.

Warum wird der Besitz geschützt? Niemand wirft die Frage für das Eigenthum auf, warum denn für den Besitz? Weil der Schutz des Besitzes von vornherein etwas höchst Auffallendes, Widerspruchsvolles hat. Denn der Schutz des Besitzes heißt auch Schutz der Räuber und Diebe; wie kann aber das Recht, welches den Raub und Diebstahl verdammt, das Product desselben in der Person des Thäters anerkennen und schützen? Heißt dies nicht, auf der einen Seite etwas fördern und billigen, was man auf der anderen Seite verwirft und verfolgt?

Wenn eine Einrichtung seit Jahrtausenden besteht, so wird das unbefangene Urtheil sich der Ueberzeugung nicht verschließen können, daß zwingende Gründe für dieselbe vorhanden sein müssen, und in der That ist auch wohl noch nie die Nothwendigkeit des Besitzesschutzes ernstlich in Frage gestellt worden. Aber über diese Gründe selber herrscht nichts weniger als allgemeines Einverständniß. Manche Schriftsteller, insbesondere die älteren, umgehen die Frage völlig; sie beruhigen sich, wie so oft, einfach bei der gegebenen Thatsache. Aber wenn irgendwo die Thatsache der Erklärung bedarf, so ist es hier. Savigny hat dies gefühlt und uns die Antwort nicht vorenthalten, aber der Anklang, den dieselbe früher gefunden hat, sich nicht behauptet und es sind neuerdings mehr und mehr Versuche gemacht, die Frage in anderer Weise zu lösen, zu denen ich in Folgendem noch einen neuen hinzufügen werde. Das Interesse der Frage ist keineswegs bloß rechtsphilosophischer oder legislativ-politischer Art, wie man auf den ersten Blick geneigt sein könnte zu glauben, sondern von erheblicher dogmatischer Wichtigkeit, und ich hoffe unten darzuthun, daß nicht bloß das richtige Verständniß der römischen Besitzeslehre im Großen und Ganzen von der richtigen Beantwortung dieser Frage abhängt, sondern daß sie selbst zu praktischen Resultaten führt.

Der Umstand, daß die bisher auf diese Frage ertheilten Antworten fast nirgends übersichtlich zusammengestellt und einer genaueren Kritik unterworfen sind [1]), nöthigt mich, dies hier nachzuholen. Ich habe versucht, dieselben zu gruppiren, und zwar nach Art der Strafrechtstheorieen in absolute und relative. Die absoluten erblicken den Grund des Besitzesschutzes im Besitz selber. Der Besitz muß um seiner selbst willen geschützt werden, er trägt das Anrecht darauf in sich, und zwar findet die eine Ansicht das Motiv in dem Willen, in der Thatsache seiner Verkörperung im Besitz, welche das Recht zu respectiren habe, also in dem ethischen Momente des Besitzes; die andere findet dies Motiv darin, daß der Besitz nicht minder wie das Eigenthum dem menschlichen Bedürfnisse zu dienen bestimmt sei, also in dem ökonomischen Momente des Besitzes. Beide Ansichten kommen darin überein: der Schutz des Besitzes bedarf gar keiner eigentlichen Erklärung, keiner Anlehnung an sonstige Zwecke und Interessen, er versteht sich von selbst, es muß so sein.

Die relativen Ansichten dagegen suchen den Grund des Schutzes außerhalb des Besitzes, nämlich in Einrichtungen, Rechtsprincipien, Rücksichten allgemeinerer Art, die ihm nur zu gute kommen, ihm aber nicht eigenthümlich sind. Der

1) Eine anerkennenswerthe Ausnahme macht Randa, Der Besitz nach österr. Rechte. Leipzig 1865. §. 8.

Schutz, den er genießt, ist mithin nur ein abgeleiteter, zufälliger, er würde hinfällig sein, wenn jene Quellen, denen er ihn entnimmt, nicht mehr flössen.

Nach diesem Gesichtspunkt werde ich in Folgendem die einzelnen Ansichten gruppiren, wobei ich übrigens nicht verhehlen will, daß derselbe bei ihnen nicht in der Schärfe und Klarheit zur Geltung gelangt, wie bei den Strafrechtstheorieen.

Auch ist der Gegensatz bisher so wenig zum Bewußtsein gekommen, daß sich bei einigen Schriftstellern Anklänge an beide Grundansichten finden[2]). Vielleicht trägt dieser Versuch dazu bei in dieser Beziehung wenigstens zur Klarheit zu drängen.

1. Relative Theorieen.

Der Schutz des Besitzes hat nicht seinen Grund im Besitz selber, sondern

1) in dem Verbote der Gewalt, bei welchem letzteren
   a) Savigny mehr die privatrechtliche Beziehung zum Besitzer (Besitzesstörung ist ein Delict gegen den Besitzer),
   b) Rudorff mehr die publicistische Beziehung zum Gemeinwesen betont (Besitzesstörung ist ein Attentat gegen die Rechtsordnung);
2) in dem obersten Rechtsgrundsatz, daß „Niemand einen Andern rechtlich überwinden kann, welcher nicht überwiegende Gründe seines Vorrechts hat" (Thibaut);
3) in dem Vorrecht der Unbescholtenheit, vermöge dessen bis auf Gegenbeweis angenommen werden muß, daß der Besitzer, der ein Recht zum Besitz haben kann, desselben nicht entbehre (Röder);

2) Puchta, Vermischte Schriften S. 265. Trendelenburg, Naturrecht auf dem Grunde der Ethik. Leipzig 1860. §. 95.

4) in dem Eigenthum; der Besitz wird geschützt
   a) als wahrscheinliches [auch mögliches] Eigenthum (ältere Ansicht),
   b) als anfangendes Eigenthum (Gans),
   c) im Interesse der nothwendigen Ergänzung des Eigenthumsschutzes (meine Ansicht).

2. Absolute Theorieen.

Der Besitz ist seiner selbst wegen geschützt, denn

1) er ist der Wille in seiner thatsächlichen Verkörperung (Gans, Puchta, Bruns);
2) er „dient wie das Eigenthum der allgemeinen Bestimmung des Vermögens: der menschlichen Befriedigung durch Sachen mittelst freier Gewalt über dieselben — — sein Zweck ist, den factischen Zustand der Sachen zu conserviren" (Stahl).

II.

Das Verbot der Gewalt als Grund des Besitzesschutzes.

Die Ansicht von Savigny ist so bekannt, daß ich kaum weiß, ob es Noth thut, seine eigenen Worte anzuführen. „Da der Besitz an sich kein Rechtsverhältniß ist, so ist auch die Störung desselben keine Rechtsverletzung, und sie kann es nur dadurch werden, daß sie ein anderes Recht zugleich mit verletzt. Wenn nun die Störung des Besitzes gewaltsam geschieht, so liegt in dieser Störung eine Rechtsverletzung, weil jede Gewaltthätigkeit unrechtlich ist, und dieses Unrecht ist es, was durch das Interdict aufgehoben werden soll. — — Die Interdicte setzen eine Handlung voraus, die schon durch ihre Form unrechtlich ist. — — Der Besitzer hat das Recht, von Jedem zu fordern, daß er überhaupt keine Gewalt gegen ihn brauche" [3]). „Ein selbständiges Recht ist in diesem Fall nicht neben der Person verletzt, aber in dem Zustande der Person ist doch etwas verändert zu ihrem Nachtheil, und soll das Unrecht, welches in der Gewalt gegen die Person liegt, in seinen Folgen gänzlich ausgetilgt werden, so kann dies nur geschehen durch die Herstellung oder Beschützung jenes factischen Zustandes, worauf sich die Gewalt erstreckt hat [4])."

Die Ansicht von Rudorff [5]) weicht von der Savigny's nicht erheblich ab. Während Letzterer den Anspruch auf Schutz gegen Gewalt in die Person des Besitzers verlegt oder, um seine eigenen Worte zu gebrauchen (S. 63), „die privatrechtliche Rücksicht als Grundlage des Besitzrechts" gelten läßt, betont Rudorff die „publicistische Beziehung der Gewaltthätigkeit als Verletzung der öffentlichen Ordnung", indem er den Besitzesschutz an das Verbot der Selbsthülfe anknüpft. Es ist klar, daß auch der letztere Gesichtspunkt sich mit dem privatrechtlichen Anspruch des Besitzers auf Schutz verträgt, wofür das Decretum Divi Marci den besten Beweis enthält. Dagegen ist derselbe insofern zu eng, als die gewaltsame Störung oder Entziehung des Besitzes keineswegs immer zum Zweck der Selbsthülfe zu geschehen braucht, der beiden andern Fälle der illegalen Besitzentziehung (clam, precario) ganz zu geschweigen. Auf die von verschiedenen Seiten gegen diese Modification der Savigny'schen Ansicht geäußerten Bedenken [6]) scheint ihr Urheber sie jetzt stillschweigend zurückgenommen zu haben [7]), so daß wir uns im Fol-

3) Savigny, Recht des Besitzes §. 5. Aufl. 7 von Rudorff. Wien 1865. S. 30—32.

4) Daselbst §. 6 Zusatz. Aufl. 7 S. 56.

5) Zeitschr. f. gesch. R.-W. VII S. 90 fl.

6) Savigny a. a. O. S. 62—64.

7) Daselbst in seinen Zusätzen S. 575.

genden ausschließlich auf die Savigny'sche Auffassung beschränken dürfen.

Unterwerfen wir dieselbe nunmehr einer Prüfung, so hat sie auf den ersten Blick allerdings etwas Bestechendes — — — wenn man nämlich die Gestalt, welche das römische Recht dem Besitz gegeben hat, nicht kennt oder außer Acht läßt. In einem Compendium des Naturrechts würde ich sie ganz am Orte gefunden haben [8]), in einem Werke, das sich die Darstellung der römischen Besitztheorie zur Aufgabe gestellt hat, kann sie nur im höchsten Grade überraschen. Denn mit letzterer läßt sie sich in keiner Weise vereinigen, sie stößt hier überall auf Widerspruch; der Versuch ihrer legislativen Verwirklichung würde ein Besitzrecht ergeben, das mit dem römischen auch nicht die entfernteste Aehnlichkeit hätte. Dies soll jetzt an den Hauptpunkten der römischen Besitzeslehre nachgewiesen werden.

1. Schutzlosigkeit der detentio alieno nomine.

Beruhen die possessorischen Interdicte auf der Idee einer gegen die Person verübten Rechtsverletzung, so ist nicht abzusehen, wie dieselben dem Besitzer auf fremdem Namen verweigert werden können. Was hat das Unrecht gegen die Person damit zu thun, welcher Art ihr Besitzverhältniß ist? Wird die Rechtsordnung weniger verletzt, wenn Jemand einen Pächter, als wenn er einen Erbpächter dejicirt? Gewalt

---

8) Und selbst an dieser Stelle müßte noch erst der Beweis erbracht werden, den Randa a. a. O. fordert, nämlich daß die gewaltsame Besitzentziehung an sich rechtswidrig sei. „An sich", bemerkt er mit Recht, „könnte Gewalt nur soweit als rechtswidrig erscheinen, als ein Recht verletzt wird. Denn wo kein Recht verletzt, sondern nur ein factischer Zustand geändert worden ist, da kann von einer Tilgung des Unrechts der Gewalt und seinen Folgen keine Rede sein." Ich komme unten (IV) darauf zurück.

bleibt Gewalt, gegen wen sie auch begangen werden möge. Eine Handlung, die schon als solche, d. h. unabhängig von den Voraussetzungen in der Person des Verletzten ein Unrecht in sich schließen soll, kann doch unmöglich je nach Verschiedenheit der Voraussetzungen hier ein Unrecht sein, dort keins.

Hören wir, was Savigny darauf erwidert. „Entweder", sagt er (S. 59), „denken wir diesen Verwalter in Uebereinstimmung oder im Widerstreit mit dem wahren Besitzer. Im erstern Fall braucht er die Interdicte nicht, da die des Besitzers ihn hinreichend schützen. Im zweiten Fall aber, wenn er sie wider Willen des Besitzers gegen diesen selbst oder gegen einen Dritten gebrauchen wollte, darf er es nicht, weil er dadurch in das obligatorische Verhältniß eingreifen würde, dem er seine Detention verdankt, und das ihm für jedes denkbare Interesse genügt." Ob diese Deduction Jemanden überzeugen wird? Ich möchte es bezweifeln[9]). Savigny hat bei derselben seine eigne Auffassung der possessorischen Interdicte außer Acht gelassen. Enthalten dieselben nämlich einen Schutz gegen ein Unrecht gegen die Person, bei dem das Besitzverhältniß nur die Bedeutung einer bloßen Staffage hat, sich lediglich auf das Factische der Situation bezieht, so ist nicht abzusehen, warum der Detentor den Schutz gegen ein ihm persönlich zugefügtes Unrecht erst von seinem Besitzherrn ableiten soll. Ob die Interdicte des letztern ihn im Fall des Einvernehmens beider „hinreichend schützen, und der Detentor dieselben mithin nicht bedarf[10])", ist völlig gleichgültig, wenn die Besitzesstörung ihre Richtung nicht gegen den Besitz, sondern gegen die Person nimmt. Der Schutz gegen das darin liegende Unrecht ist nicht eine Frage

9) S. dagegen auch Randa a. a. O. Note 3.

10) Und selbst dies ist, wie Randa mit Recht bemerkt, nicht immer richtig, z. B. nicht im Fall der Abwesenheit des Besitzers.

der Zweckmäßigkeit und des Bedürfnisses, sondern eine einfache Sache der Consequenz. Der Verletzte wird geschützt; sind beide verletzt, so beide, ist es bloß einer, so bloß er, jedenfalls also der Detentor, denn er ist es, der von der Gewalt zunächst und unmittelbar betroffen wird. So wird es bei dem interd. quod vi clam gehalten; berührt das opus vi aut clam factum gleichmäßig das Interesse des Pächters wie des Verpächters, so haben beide das Interdict[11]). Erwägt man nun, daß letzteres auf dem Gesichtspunkt des Delictes beruht[12]), so wird man nicht zweifelhaft sein, wie die römischen Juristen hätten entscheiden müssen, wenn sie die possessorischen Interdicte ebenfalls unter diesem Gesichtspunkt aufgefaßt hätten.

Bedürfen die Detentoren kein selbständiges Schutzmittel, warum gewährt ihnen das römische Recht ferner die act. furti und vi bonorum raptorum[13])? Aus demselben Grunde, aus dem es ihnen die possessorischen Rechtsmittel versagte, hätte es ihnen auch jene Klagen absprechen können. Der Umstand, daß dies nicht geschehen, beweist, daß das römische Recht nicht bloß die unmittelbare Richtung jener Delicte gegen den bloßen Detentor, sondern auch die Nothwendigkeit und den Werth eines ihm dagegen zu gewährenden unmittelbaren Schutzes sich in keiner Weise verhehlt hat. Und nicht bloß die persönliche Verletzung ist es, die bei den beiden genannten Klagen und in dem int. quod vi aut clam zur Geltung kommt, sondern es ist das sachliche, vermögensrechtliche Interesse an der Aufrechthaltung des Detentions-

11) l. 12 quod vi (43. 24).

12) l. 3 pr. ibid. facto tuo delinquentis l. 1 §. 2 injuriam comminisci. Darum steht es auch dem Haussohn zu l. 9 de O. et. A. (44. 7) . . injuriarum et quod vi aut clam, l. 13 §. 2 quod vi.

13) l. 14 §. 2. l. 85 de furt. (47. 2), l. 2 §. 22 Vi bon. (47. 8).

verhältnisses, das in ihnen seinen Ausdruck findet. Praeterea, heißt es in der citirten l. 14 §. 2 de furt., habent furti actionem coloni, quamvis domini non sint, quia interest eorum, und in l. 2 §. 22 Vi bon. cit. wird sogar die commodirte, vermiethete, verpachtete Sache in dem Sinn zum Vermögen gerechnet, daß sie zwar nicht „in bonis", aber doch „ex bonis" sei, d. h. „ut ex substantia mea res ablata esse proponatur . . . ut intersit mea eam non auferri". So erhält der Miether des interd. de migrando wegen Vorenthaltung der inferirten Sachen auch in Bezug auf die ihm bloß geliehenen, vermietheten oder bei ihm deponirten Sachen, und nicht minder erstreckt sich auf letztere auch die hereditatis petitio [13a]).

Wenn Besitzer und Detentor uneins sind, sagt Savigny, so darf Letzterer aus dem Grunde die Interdicte nicht anstellen, weil er dadurch in das obligatorische Verhältniß eingreifen würde. Aber angenommen, die Anstellung der Interdicte seinerseits enthielte einen derartigen Eingriff dem Besitzer gegenüber, was verschlägt dies dem dritten Dejicienten gegenüber? Für ihn kann doch nur seine eigne Handlung in Betracht kommen; aus der Obligation eines Dritten kann er keine Rechte ableiten. Könnte er es, so müßte dies ja ganz besonders für den Fall gelten, wenn der Detentor seinen Besitzherrn dejicirt hat und dadurch selber Besitzer geworden ist, denn hier ist der Eingriff in das obligatorische Verhältniß ja außer allem Streit — — und dennoch gibt das Recht ihm die Interdicte ohne allen Anstand [14]).

Kurz, der Versuch Savigny's, die Einwendungen, die man der Schutzlosigkeit des Detentors gegen seine Auffassung

---

13a) l. 2 de migr. (43. 32), l. 19 pr. de her. pet. (5. 3).
14) l. 12 de vi (43. 16).

entnehmen kann, zu widerlegen, ist völlig mißlungen. Es ist eine wunderbare Ironie des literarischen Verhängnisses, für die es übrigens gerade bei Savigny trotz aller seiner Größe nicht schwer ist, mehrfache Belege beizubringen, daß Savigny, der Restaurator der römischen Besitztheorie, zur Erklärung derselben eine Idee aufstellt, die mit dieser Theorie im unversöhnlichen Widerspruch steht, und andererseits wiederum einer modernen Erscheinung auf dem Gebiet des Besitzes, welche die historische Verwirklichung dieser seiner Idee enthält: dem summariissimum und der act. spolii den heftigsten Widerstand entgegensetzt. Wer in der Störung und Entziehung des Besitzes ein Unrecht gegen die Person erblickt, sollte jene beiden Rechtsmittel, die jedem Besitzer ohne Unterschied der Qualification des Besitzes gegeben werden, als die Verwirklichung dieser Auffassung mit Freuden begrüßen — Savigny erblickt in ihnen eine wissenschaftliche Verirrung, eine Mißgeburt! — Wer Letzteres thut und für die Beibehaltung des reinen römischen Rechts streitet, sollte keinen Satz entschiedener bekämpfen, als den, daß die Besitzrechtsmittel einen Schutz der Person enthalten — Savigny hat ihn nicht bloß aufgestellt, sondern ein halbes Jahrhundert hindurch festgehalten!

2. Schutzlosigkeit des Besitzes bei Besitzunfähigkeit der Sache oder Person.

a) Der Sache. An res extra commercium gibt es keinen Besitz und keinen Besitzesschutz. Warum nicht? Vom Standpunkt meiner Auffassung aus glaube ich diese Frage unten befriedigend beantworten zu können, nämlich weil kein Eigenthum an ihnen möglich ist, der Besitz aber nichts ist als die Thatsächlichkeit des Eigenthums, mithin da cessirt, wo letzteres undenkbar ist. Vom Standpunkt der Savigny' schen Ansicht aus aber läßt sich jener Satz gar nicht erklären. Denn wenn die Besitzverletzung nur dadurch rechtliche Bedeutung gewinnt, daß sie ein Unrecht gegen die Person enthält, was kann es ausmachen, welcher Art die Sache ist, ob beweglich oder unbeweglich, eigenthumsfähig oder eigenthumsunfähig? Dies ist eben so gleichgültig, als ob ein Mord verübt ist bei einem Hause oder einer Hecke, unter einer Buche oder unter einer Eiche. Für den Besitz müßte, wenn die Savigny'sche Auffassung richtig wäre, dieselbe Beurtheilung eintreten, welche die l. 13 §. 7 de inj. (47. 10) für die Injurienklage aufstellt. Ob Jemand mich verhindert am Gebrauch meiner eignen Sache oder einer res publica (in publicum lavare aut in cavea publica sedere etc.) oder res communis (in mari piscari) ist gleichgültig, es findet in allen diesen Fällen die act. injuriarum Statt. Man sage nicht: der Besitzer einer res extra commercium habe kein Interesse an der Sache oder er begehe ein Unrecht, indem er sie besitze, das Unrecht aber dürfe nicht geschützt werden. Denn dasselbe gilt auch vom Dieb und Räuber[15]), gleichwohl aber haben beide die possessorischen Interdicte. Und sodann: wenn dies auch für res sacrae und res publicae richtig wäre, so gilt es doch nicht für alle res extra commercium. Die res religiosa steht zu demjenigen, dem sie gehört („ad quem pertinet“), in einem dem Eigenthum analogen Verhältniß, er allein ist berechtigt, sie ihrem Zweck entsprechend zu benutzen, er hat

---

15) Aus diesem Grunde wird ihnen, wenn ihnen selber die Sache gestohlen wird, die act. furti versagt l. 76 §. 1 de furt. (47. 2) . . . si honesta ex causa interest s. auch l. 12 §. 1 ibid. nemo de improbitate sua consequitur actionem, ebenso die act. ad exhibendum l. 3 §. 11 ad exh. (10. 4); die Erbtheilungsklage erstreckt sich nicht auf das „quod vel vi aut latrocinio aut aggressura acquisitum erit“ l. 4 §. 2 fam. erc. (10. 2).

gleich dem Besitzer die Befugniß, jeden andern auszuschließen, und er hat ein Interesse an dem Verhältniß[16]). Bei einem gewaltsamen Eingriff in dieses Verhältniß fehlt es also sicherlich nicht an den Voraussetzungen, die nach Savigny für die possessorischen Interdicte genügen, und gleichwohl werden ihm die letzteren abgesprochen[17]) und dafür andere Schutzmittel gewährt. Ganz dasselbe gilt für das Verhältniß des Vaters zu seinem Kinde. War das Interesse auf seiner und das Unrecht auf der andern Seite ein geringeres, wenn Jemand ihm das Kind, als wenn er ihm einen Sklaven vorenthielt? Im letztern Fall ward das **interdictum utrubi**, ein possessorisches Interdict, gegeben, im erstern bedurfte es besonderer Interdicte (**de liberis exhibendis** und **ducendis**).

b) Besitzunfähigkeit der Person. Sklaven und Hauskinder waren bekanntlich nach römischem Recht des Besitzes unfähig[18]). Nach Savigny (S. 126) „gründet sich dieser Satz offenbar auf die allgemeine Regel, daß der Sohn überhaupt kein Vermögensrecht haben könne". Gewiß richtig! allein wie verträgt sich diese Erklärung mit seiner Idee, daß im Besitz nicht das vermögensrechtliche Verhältniß als solches, sondern die Person geschützt wird? Beruhen die possessorischen Interdicte auf dem Gesichtspunkt des Delicts, so hätte man sie dem Haussohn nicht schlechthin absprechen dürfen, denn so gut wie derselbe nach **l. 9 de O. et A. (44. 7.)** „**suo nomine nullam actionem habet nisi injuriarum et quod vi**

16) S. meinen Geist des R. R. III. S. 335 und jetzt auch Rudorff in Savigny a. a. O. S. 604, welcher aus Orelli eine Urkunde mittheilt (N. 4358), welche die Besitzübertragung des Grabmals erwähnt (**in vacuam possessionem . . . ire aut mittere**).

17) l. 30 §. 1 de poss. (41. 2).

18) l. 49 §. 1 de poss. (41. 2).

aut clam et depositi et commodati" hätte er auch diese Klagen haben können.

3. Besitzesschutz des injustus oder malae fidei possessor.

Derselbe verträgt sich wiederum in keiner Weise mit der Savigny'schen Auffassung. Dem Diebe und Räuber werden die act. furti und act. legis Aquiliae[19]) abgesprochen; wie konnte man ihnen die possessorischen Interdicte einräumen, wenn man in ihnen ebenfalls Delictsklagen erblickte? Man vergleiche einmal die Art, wie die Juristen sich in l. 12 §. 1 und l. 76 §. 1 de furt. cit. äußern: Furti actio, heißt es in l. 12, malae fidei possessori non datur, quamvis interest ejus rem non subripi, quippe cum res periculo ejus sit, sed nemo de improbitate sua consequitur actionem et ideo soli bonae fidei possessori, non etiam malae fidei furti actio datur, und in l. 76 §. 1: nam licet intersit furis rem salvam esse, quia condictione tenetur, tamen cum eo is cujus interest furti habet actionem, si honesta ex causa interest. Auch hier führt uns Savigny abermals vor ein ungelöstes und unlösbares Räthsel, und er hat keinen Versuch gemacht, jene Stellen, deren er sich selber zu einem andern Zweck gegen seine Gegner bedient (S. 65), mit seiner Auffassung zu vereinigen. Wenn der Eigenthümer dem malae fidei possessor die Sache heimlich oder gewaltsam nimmt oder sie vernichtet, so hat letzterer gegen ihn weder die condictio furtiva, weil sie Eigenthum, noch die act. furti, weil sie Interesse, noch die act. leg. Aquiliae, weil sie ein Recht an der Sache oder mindestens

---

19) l. 12 §. 1, l. 76 §. 1 de furt. (47. 2), l. 10 §. 6, arg. l. 17 pr. ad leg. Aq. (9. 2).

bonae fidei possessio voraussetzt, er schlägt die Klage aus dem Delict einfach mit der Verweisung auf sein Eigenthum zurück[20]. Wenn dagegen der malae fidei possessor mit einer possessorischen Klage klagt, wie er es heutzutage, seitdem das interdictum uti possidetis und utrubi durch Justinian völlig gleichgestellt sind, gleichmäßig bei beweglichen wie unbeweglichen Sachen thun kann, so wird der Beklagte mit dem Einwande seines Eigenthums gar nicht gehört, und die malae fidei possessio des Klägers kommt nur insoweit zur Sprache, als die exceptio vitiosae possessionis dem Kläger gegenüber begründet ist. Wer fühlt nicht, daß der Standpunkt der Beurtheilung in beiden Fällen ein gänzlich verschiedener ist, in dem einen Fall der des Delicts, in dem andern ein demselben völlig fremder?

4. Unerfindlichkeit der Delictsnatur aller possessorischen Interdicte.

Nur bei einem einzigen, dem interd. unde vi, ist dieselbe außer Zweifel, bei allen andern Interdicten ist sie entschieden zu verneinen. Bei dem interd. de precario will Savigny (S. 31) sie damit rechtfertigen, daß „es an sich unrecht ist, den guten Willen des Andern zu mißbrauchen, gerade so wie es unrecht ist, mit Gewalt eine Sache zu nehmen". Allein wäre diese Behauptung richtig, so müßte auch die condictio ex mutuo, die act. commodati und die auf Grund des Precariums mögliche act. praescriptis verbis eine Delictsklage sein. Das interd. de precario kann allerdings durch dolus des Precaristen ähnlich wie die reivind. (durch dolus praeteritus des Besitzers) einen delictsartigen

20) Ebenso die act. depositi des Diebes, so die l. 31 §. 1 Dep. (16. 3) c. f.

Zusatz in sich aufnehmen, und in diesem Fall haftet der Erbe consequenterweise nur auf Bereicherung[21]), allein diese bloße Möglichkeit macht das Interdict ebenso wenig, wie die **reivindicatio**, zu einer Delictsklage, es geht gegen den Erben ebenso wie gegen den Erblasser[22]).

Oder enthält etwa die Verweigerung der Herausgabe nothwendigerweise einen **dolus**? Durchaus nicht. Man setze z. B. den Fall, daß der Erbe oder der Vormund des wahnsinnig gewordenen Precaristen vom Precarium nichts weiß, oder daß der Precarist selber inzwischen erfahren, daß er Eigenthümer ist. Im letztern Fall verweigert er die Herausgabe mit vollem Recht: „**idcirco quia receptum est, rei suae precarium non esse**“[23]).

Von den beiden **interdicta retinendae possessionis** spottet das **int. utrubi** in seiner vorjustinianeischen Gestalt aller Versuche, es mit der Savigny'schen Idee in Einklang zu bringen. Dasselbe ging bekanntlich nicht bloß gegen den, der dem Kläger unmittelbar den Besitz entzogen hatte, sondern gegen jeden Dritten, auch den **bonae fidei possessor**; die einzige Voraussetzung bestand darin, daß Kläger innerhalb des letzten Jahres, vom Moment der Klagerhebung an gerechnet, längere Zeit besessen hatte, als der Beklagte. Savigny hat meines Wissens sich nie über die Frage ausgelassen, wie sich dieses Interdict mit seiner Ansicht vereinigen lasse; hätte er es versucht, er würde sich von der Unmöglichkeit überzeugt haben.

21) l. 8 §. 8 de prec. (43. 26).

22) l. 8 §. 8 cit. heres ejus, qui precario rogavit, tenetur quemadmodum ipse.

23) l. 4 §. 3 ibid., l. 45 pr. de R. J. (50. 17), l. 21 pr. de usuc. (41. 3), l. 31 §. 1 Dep. (16. 3). Der Nachweis des Eigenthums stellt das interd. als ipso jure unbegründet dar. Mein Geist des R. R. III. S. 65, 66.

An den beiden Stellen (S. 31, 49), wo er es hätte thun müssen, übergeht er unser interdictum mit Stillschweigen, bei der Charakterisirung der interd. retinendae possessionis betont er für sie das Requisit der gewaltsamen Verletzung des Besitzes (S. 400) und beruft sich dafür rücksichtlich des interd. utrubi auf das „vim fieri veto“ des Formulars in l. 1 pr. utrubi (43. 31); bei der speciellen Behandlung des letztern Interdicts findet er darüber „nichts Besonderes zu bemerken“ (S. 413). Allein welche Bedeutung hatte jenes „vim fieri veto?“ Offenbar ja nicht die, daß Gewalt geschehen sein müsse, wenn Jemand das Interdict anstellen wolle, sondern daß der Beklagte dem Kläger, wenn er die Sache mit sich nehmen wolle (quominus is eum ducat) keine Gewalt entgegensetzen dürfe. Die Gewalt war damit so wenig zu einer Voraussetzung dieses Interdicts erhoben, als aller andern mit gleicher Formel versehenen Interdicte.

Rücksichtlich des interd. uti possidetis wird es mir bei der eingehenden Bearbeitung, die dasselbe in neuerer Zeit gefunden hat[24]), verstattet sein, mich kurz zu fassen. Es ist nicht wahr, daß eine „gewaltsame Verletzung des Besitzes“ zu den Voraussetzungen dieses Interdicts gehört (Savigny S. 400). Die Untersuchung des Richters: num vis facta sit contra edictum Praetoris bezieht sich nicht auf die Zeit vor, sondern nach Erlaß des Interdicts. Letzteres konnte daher im Fall eines ganz friedlichen, von jeglicher Gewaltthätigkeit freien Besitzstreites (controversia de possessione), z. B. wenn es sich zwischen zwei Erbprätendenten darum handelte, wer zuerst den Besitz des erbschaftlichen Grundstückes ergriffen hatte, von beiden Theilen unbedenklich nachgesucht

---

24) S. vor Allen Hermann Witte, Das Interdictum Uti possidetis. Leipzig 1863, insbesondere S. 40 ff.

werden, wie denn ja sowohl Ulpian (l. 1 §. 3 uti poss. 43. 17) als Gajus (IV. 148) gerade diesen Anwendungsfall zum Ausgangspunkt ihrer Darstellung des Interdicts nehmen. Nach Savigny hätte der Implorant in diesem Fall, um in heutiger Sprache zu reden, angebrachtermaßen abgewiesen werden müssen.

5. Ueberflüssigkeit der possessorischen Interdicte als besonderer Delictsklagen neben den vorhandenen Delictsklagen.

Wenn der Prätor in den possessorischen Interdicten bloß neue Delictsklagen hätte schaffen wollen, wozu hätte es derselben bedurft? Die vorhandenen reichten vollkommen aus, bei einer Störung des Besitzes das interdictum quod vi aut clam und die act. injuriarum[25]), bei einer Entziehung desselben die act. furti, welche im ältern Recht selbst auf unbewegliche Sachen erstreckt ward[26]) und sowohl die heimliche als gewaltsame[27]) Besitzentziehung umfaßte, und zur Noth auch auf den Precaristen hätte ausgedehnt werden können[28]).

6. Die auf Rückgabe des Besitzes gerichteten Condictionen.

Erst neuerdings ist die Aufmerksamkeit durch Bruns[28a]) auf sie zurückgelenkt worden und von ihm selber bereits bemerkt (a. a. O. S. 416): „daß sie zur Savigny'schen Theorie nicht passen". Der Besitz erscheint in ihnen als selbständiger Gegenstand und Grund der Klage, unabhängig von jeder Ge-

25) Rücksichtlich des erstern vergleiche die Beispiele in l. 7 §. 5, 6, 9, 10, l. 9, 11 u. a. quod vi (43. 24), rücksichtlich der letztern l. 13 §. 7 de inj. (47. 10) und Paulus S. R. V. 6 §. 5

26) Gellius XI. 18 §. 13.

27) l. 1 vi bon. (47. 8), Gaj. III. 209.

28) cf. Gell. loc. cit. mit l. 66 pr., 67 pr. de furt. (47. 2).

28a) Das Recht des Besitzes im Mittelalter und in der Gegenwart. Tübingen 1848. S. 27 ff.

walt; unmöglich kann also nach römischer Auffassung letztere es sein, welche dem Besitz erst rechtliche Bedeutung verschafft.

Fassen wir das Bisherige in einen Satz zusammen, so bürdet die Savigny'sche Auffassung dem Prätor die Erfindung von Delictsklagen auf, welche

1) neben den bereits vom Civilrecht gegebenen völlig überflüssig waren (Nr. 5), und welche sodann
2) denjenigen, denen sie nach den für die Delictsklagen geltenden Grundsätzen hätten gewährt werden müssen, versagt wurden (Nr. 1 und 2), dagegen
3) denjenigen, welchen sie in Gemäßheit dieser Grundsätze hätten abgesprochen werden müssen, ertheilt wurden (Nr. 3), und bei denen
4) mit Ausnahme eines einzigen auch nicht die leiseste Spur eines Delicts zu entdecken ist (Nr. 4).

III.

Die übrigen relativen Ansichten.

1. Die Thibaut'sche.

Der Ausgangspunkt Thibaut's[29]) bei seiner Construction des Besitzes ist nicht das Factum schlechthin, sondern die Ausübung der Rechte[30]) als eine besondere Art factischer Zustände, und wir werden später Gelegenheit haben zu zeigen, in wie fruchtbarer Weise sich dieser Gesichtspunkt für das Verständniß der Besitztheorie verwenden läßt. Aber das Fundament, auf welches Thibaut den Schutz des Besitzes

---

29) System des Pandektenrechts. Aufl. 8. §. 203, 204. In seiner Schrift über Besitz und Verjährung, Jena 1802. §. 2 gibt er für den Besitzesschutz gar keinen Grund an.

30) Wie bei Hufeland, Besitz (Ueber den eigenrhümlichen Geist des römischen Rechts. Theil 2 Abth. 1.) S. 5 ff., S. 18 ff.

bauen will, ist ein sehr hinfälliges. „Da es", sagt er, „ein durchherrschender, nach der Vernunft nothwendiger Grundsatz ist, daß Niemand einen Andern rechtlich überwinden kann, welcher nicht überwiegende Gründe seines Vorrechts hat, so wird jener an sich bloß factische Zustand juristisch äußerst bedeutend, indem er zu der Regel führt, daß Jeder, welcher sich factisch in der Ausübung eines Rechts befindet, bis dahin, daß ein Anderer ein besseres Recht darauf beibringt, in diesem factischen Zustand gelassen werden muß."

Aber wenn der Besitz ein bloß *factischer* Zustand ist, wozu bedarf es eines „*Vorrechtes*", um ihn aufzuheben? Ein factischer Zustand entsteht und vergeht, ohne daß das Recht dabei irgend betheiligt ist. Ein Factum ist es, daß meine Linde dem Nachbar Schutz gegen die Sonnenstrahlen gewährt; wer schützt ihn, wenn ich den Baum wegnehmen will? Ein Factum ist es, daß ein Kaufmann eine zahlreiche Kundschaft hat; sichert ihn das Recht, wenn ein Concurrent sie ihm entzieht? Vermag das Moment, daß der Besitz die Ausübung eines Rechts enthält, ihm nicht den Charakter eines Rechtsverhältnisses zu verschaffen, muß er sich vielmehr nach *Thibaut* mit allen andern factischen Zuständen auf eine Linie stellen, so gilt auch für ihn dasselbe Gesetz wie für letztere, nämlich daß das Entstehen, Bestehen und Untergehen derselben lediglich Sache der factischen Kraft ist. Zu dem „Ueberwinden" auf dem Gebiete des *Rechts* gehört allerdings ein „*Vorrecht*", aber diese Idee auf das Gebiet des *Factums* hinübertragen, heißt vergessen, was man von letzterem ausgesagt hat.

Aber angenommen, das Vorrecht entschiede. Gewiß hat doch der Pächter, der von einem Dritten, welcher gar kein Recht an oder auf die Sache hat, dejicirt ist, ein „besseres Recht", als letzterer, denn *sein* factischer Zustand stützt sich doch mindestens auf eine obligatorische Concession von Seiten des wahren Eigenthümers; warum wird er damit nicht gehört, d. h. warum werden ihm die possessorischen Interdicte versagt? Und nun gar, wenn der Verpächter diesem Dejicienten oder dessen Nachfolger den Besitz wiederum entzieht, warum wird selbst ihm der Nachweis seines bessern Rechts, zu dem er sich erbietet, im Besitzproceß völlig abgeschnitten?

So steht die Thibaut'sche Erklärung, während sie sich scheinbar ausschließlich auf den Boden des Factums stellt, zugleich mit auf dem des Rechts, ohne doch hier wie dort den für beide geltenden Grundsätzen zu entsprechen. Ist der Besitz wirklich ein bloßes Factum, so gewinnt man mittelst des Gesichtspunktes, daß die Kraft, welche einen Zustand aufheben soll, stärker sein muß, als die, welche ihn aufrecht hält, keinen Rechtsschutz für ihn; ist er aber ein Recht, so führt jener Gesichtspunkt zu einer völlig andern Gestaltung des Rechtsschutzes, als das römische Recht sie ihm gegeben hat. Das eigenthümlich römische Besitzschutzsystem ist auf diesem Wege nicht zu begreifen.

An demselben Fehler leidet

2. Die Ansicht von Röder[31]).

Dieser Schriftsteller sieht den Grund des Besitzesschutzes in dem Urrecht der Unbescholtenheit, welches seinen Ausdruck finde in der Regel: **quilibet praesumitur justus (? — bonus) donec probetur contrarium.** Vermöge dieses Rechts, „das jedem Besitzer zur Seite stehe, müsse einstweilen angenommen werden, daß jedes äußere Verhältniß, in welchem derselbe zu einer Sache oder Person stehe, und welches möglicher Weise auf dem Grund und in Folge eines Rechts bestehe,

31) Grundzüge des Naturrechts oder der Rechtsphilosophie. Aufl. 2 Abth. 2. S. 250.

für dessen Ausübung es erforderlich sei, auch wirklich nur kraft eines solchen bestehe, daß es also nicht unrecht sei".

Die Anwendung dieses Urrechts auf den Besitz beruht auf einem Sprung. Dasselbe hat zu seinem Inhalt nicht die Unbescholtenheit eines äußern Verhältnisses, sondern einer Person. Gilt die Person als unbescholten, so der Detentor nicht minder als der juristische Besitzer, so der Nichtbesitzer nicht minder als der Besitzer. Mit demselben Recht, mit dem letzterer auf seine persönliche Glaubwürdigkeit pocht, kann es auch der Nichtbesitzer, die Glaubwürdigkeit wird durch die äußre Thatsache des Besitzes um Nichts unterstützt. Soll also der Besitz auf die Präsumtion der Rechtmäßigkeit gestützt werden, so muß dies in anderer Weise geschehen; jene der Person entnommene Präsumtion ist dazu nicht geeignet. Aber immerhin das Gegentheil angenommen — wenn dem Besitzer nichts weiter als eine Präsumtion zur Seite steht, warum wird es dem Gegner verwehrt, diese Präsumtion durch Gegenbeweis zu entkräften? Wo bleibt die Unbescholtenheit, wenn der Gegner nachweist, daß er selber Eigenthümer sei, Kläger aber die Sache gestohlen habe? Wenn es sich im Besitzproceß nicht um den Besitz als selbständiges rechtliches Verhältniß, sondern um seine Beweiskraft für die Annahme eines von ihm verschiedenen Rechts handelt, warum erhebt man sich nicht zu letzterem selbst und läßt Beweis und Gegenbeweis zu, d. h. macht aus dem Possessorium ein Petitorium? Die Röder'sche Idee mag ausreichen, um zu erklären, daß im Vindicationsproceß der Besitzer vom Beweise frei bleibt — obschon diese Befreiung des Beklagten von der Beweislast bekanntlich mit dem Besitz als solchem nichts zu thun hat, denn dieselbe wiederholt sich bei allen Klagen — dagegen ist jene Idee durchaus nicht vermögend, das Eigenthümliche des Besitzinstituts, d. h. die Ausschließung der Rechtsfrage im Besitzproceß, zu erklären;

das ist aber der Punkt, an dem jede Besitztheorie sich zu bewähren hat.

Wir sind hierbei allerdings von der Supposition ausgegangen, daß der genannte Gelehrte den wissenschaftlich hergebrachten Begriff des Besitzes d. h. den römischen zu Grunde gelegt hat; wer als Rechtsphilosoph einen andern aufstellen will, wozu ich am wenigsten ihm die Befugniß be streite, möge es thun, aber angeben, warum er es thut, und wie er ihn vom römischen abgränzen will; beides ist von Röder nicht geschehen.

Von den drei Ansichten, welche den Besitzesschutz mit dem Eigenthum in Verbindung setzen, stützt ihn

3. Die eine (ältere) auf die Wahrscheinlichkeit des Eigenthums.

Diese Ansicht war früher viel verbreitet[32]), und auch Savigny hat ihr in der dritten, vierten und fünften Ausgabe seines Werkes eine gewisse Berechtigung zugestanden[33]), während er sie in der sechsten verwarf. In der nach seinem Tode herausgegebenen siebenten findet sich ein Zusatz von ihm (S. 57), dem zufolge die Präsumtion „nicht so sehr an sich

32) Als einen der letzten Vertheidiger nennt Savigny Hufeland a. a. O. S. 43, bei dem sie jedoch wenig klar hervortritt; s. auch Randa a. a. O. Note 7.

33) §. 2 a. E. „Fragt man nach dem Grunde, warum diese Art des Schutzes gegen Gewalt eingeführt ist, d. h. warum der Vertriebene eben den verlorenen (vielleicht ganz unrechtlichen) Besitz wieder erhalten soll, so kann man allerdings sagen, dieser Grund liege in der allgemeinen Vermuthung, der Besitzer dürfe wohl auch Eigenthümer sein. Insofern also kann man den Besitz als einen Schatten des Eigenthums, als ein präsumtives Eigenthum betrachten, nur trifft dieses lediglich die Begründung des Rechtsinstituts im Allgemeinen, durchaus nicht den Rechtsgrund irgend eines concreten Besitzes.“

zu verwerfen ist, indem doch in der That die überwiegende Mehrzahl der Besitzer wirkliche Berechtigte sind, als vielmehr nach der römisch eigenthümlich ausgebildeten Besitzeslehre."

Die Mangelhaftigkeit dieser Ansicht liegt nicht darin, worin Savigny sie findet, daß nämlich das römische Recht eine solche Präsumtion nicht kenne — es handelt sich hier nicht um einen positiven Rechtssatz, sondern um eine legislative, im römischen Recht nicht berührte Frage, für die uns jeder Ausdruck, wenn er die Sache nur richtig trifft, recht sein kann, auch wenn er den Römern fremd war. Sondern sie liegt darin, daß der angebliche Grund selbst wieder des Grundes bedarf. Denn angenommen der Gesetzgeber sagt: Ich will präsumiren, der Besitzer sei Eigenthümer, so wird Jeder ihn fragen: Warum willst Du dies präsumiren? Die Regel ist doch, daß jedes Recht bewiesen werden muß, welcher Grund macht es nöthig, beim Eigenthum ausnahmsweise davon abzugehen? Zu dem Ende reicht die statistische Thatsache, daß in den meisten Fällen der Besitzer zugleich Eigenthümer ist, nicht aus, so wenig wie die Statistik der Mortalitätstabellen die Präsumtion zu begründen vermag, daß eine gewisse Person in einem gewissen Alter verstorben sei oder noch lebe. Und consequenter Weise würde diese Präsumtion ja auch dahin führen, dem frühern Besitzer bloß auf Grund seines Besitzes eine in rem actio gegen dritte Personen zu geben (Klage aus dem ältern Besitz); warum soll die Präsumtion, wenn sie einmal stichhaltig ist, auf einen besondern Fall beschränkt werden? Ganz dasselbe gilt von der soeben gewürdigten Präsumtion der persönlichen Gesetzmäßigkeit oder Rechtlichkeit des Besitzers. Das richtige Element jener Ansicht besteht in dem Gefühl, daß es sich beim Besitz um einen eigenthümlichen, erleichterten Beweis des Eigenthums handelt — nennen wir den Besitz in diesem Sinn immerhin präsumtives, provisorisches Eigenthum, oder mit Savigny einen Schatten des Eigenthums — aber mit der Constatirung dieser Thatsache ist noch nicht der Grund derselben, das Bedürfniß, die Nothwendigkeit dieser Erleichterung angegeben. Wir werden ihn später zu ermitteln suchen.

Die Nüancirung der obigen Ansicht: im Besitz werde das mögliche Eigenthum geschützt[34]), enthält, wenn damit der legislative Grund des Schutzes angegeben werden soll, eher eine Verschlechterung, als Verbesserung. Der Sprung von der bloßen Möglichkeit des Eigenthums zum Schutz des Besitzes ist noch größer, als der von der Wahrscheinlichkeit. Warum soll das bloß Mögliche geschützt werden, wo geschieht dies sonst?

Die zweite Ansicht, welche den Schutz des Besitzes dem Eigenthum entlehnt, ist

4. Die von Gans[35]): im Besitz werde anfangendes Eigenthum geschützt.

Eine der Wirkungen des Besitzes besteht bekanntlich in der Usucapion, und es ist vollkommen richtig, daß mittelst der act. Publiciana im Usucapionsbesitz anfangendes Eigenthum geschützt wird. Aber auch, wie bereits öfter bemerkt ist[36]), nur im Usucapionsbesitz. Der Besitz des malae fidei

34) Als wissenschaftlich entwickelte Ansicht tritt sie auch nirgends auf, sie beruht nur auf gelegentlichen Aeußerungen, Redewendungen, die ich nicht gesammelt habe. Die Puchta'sche „subjective Möglichkeit des Rechts" (Vorles. zu §. 122) gehört nicht hierher, sie enthält nur einen andern Ausdruck seiner unten zu betrachtenden Ansicht.

35) System des Röm. Civilrechts. Berlin 1827. S. 211, 212. Ueber die Grundlage des Besitzes. Eine Duplik. Berlin 1839. Ueber eine zweite Auffassung desselben Schriftstellers s. u.

36) Rudorff in der Zeitschr. für gesch. R.-W. VII. S. 98, 99. Savigny a. a. O. S. 61.

possessor, auch wenn er noch so lange besteht, führt nicht zum Eigenthum, gleichwohl wird auch er geschützt. Diesen Schutz — und er ist ja der Schutz des Besitzes als solchen — kann man mithin nicht durch den obigen Gesichtspunkt begründen.

Die Ausführung meiner eignen Ansicht, welche nunmehr hier einzuschalten wäre, schiebe ich bis an's Ende auf und wende mich vorher den absoluten Ansichten zu.

IV.

Die absoluten Ansichten.

Die Willenstheorie.

Neben der soeben mitgetheilten Ansicht von Gans findet sich bei demselben Schriftsteller noch eine andere Beantwortung unserer Frage. Das Haben der Sache, sagt er, als eine Willensthat des Subjects kann entweder in Uebereinstimmung stehen mit dem „allgemeinen Willen", d. i. dem Gesetz — dann ist es Eigenthum —, oder sich lediglich auf den „besonderen Willen" stützen — dann ist es Besitz —, der Grund aber, warum der Wille selbst in dieser Richtung anerkannt, geschützt wird, liegt darin, daß der Wille „schon an sich ein Substantielles, zu Schützendes ist; der besondere Wille der Person, wo er sich in den Sachen äußert, ist ein Recht und muß als solches behandelt werden". Puchta[37]) nahm

---

37) In seiner zuerst im Rhein. Museum III. Nr. 17 erschienenen, später in seine Vermischten Schriften als Nr. 14 aufgenommenen Abhandlung: Zu welcher Klasse von Rechten gehört der Besitz? S. 255 ff. S. auch den dort zuerst erschienenen Aufsatz (Nr. 15): Ueber die Existenz des Besitzrechts. Trotz der geharnischten Polemik gegen Gans in der ersten Abhandlung erkennt er doch in der zweiten S. 265 Note a an, daß „ähnlich sich schon Gans ausgedrückt habe".

die Idee von Gans auf und gestaltete sie zu seiner bekannten Ansicht, daß der Besitz ein Recht an der eignen Person sei. Ihm zufolge „fordert der Wille eines Rechtsfähigen, auch noch ehe er als ein rechtlicher dargethan ist, bis auf einen gewissen (?) Grad rechtliche Anerkennung, eben weil es der Wille eines Rechtsfähigen, also möglicher Weise ein rechtlicher ist. In dem Besitz wird mithin die Möglichkeit von Rechten, also die Rechtsfähigkeit geschützt, das Besitzrecht ist nichts als eine besondere Species des Rechts der Persönlichkeit, es ist dieses Recht in seiner Anwendung auf die natürliche Unterwerfung von Sachen".

Während Gans sowohl wie Puchta die Frage vom Grunde des Besitzschutzes nur gelegentlich der Frage nach der rechtlichen Natur des Besitzes berühren, widmet Bruns[38]) ihr eine selbständige Untersuchung, bei der er sie jedoch von vornherein zu eng formulirt, indem er sie bloß auf Schutz gegen „Gewalt, gewaltsame Störung und Entziehung" beschränkt. Es sei nicht schwer, meint er, empirische Zweckmäßigkeitsrücksichten zur Begründung eines solchen Schutzes anzuführen, damit sei jedoch „bei einer Frage, wo die Wissenschaft entschieden innere juristische Nothwendigkeit aus der Natur des Besitzes selber verlange, wenig gewonnen". Von den beiden Bestandtheilen des Besitzes, dem physischen Gewaltverhältniß und dem Willen, trage ersteres als einfacher factischer Zustand auch nicht den geringsten Grund zu einem rechtlichen Schutz in sich, wohl aber letzteres. „Der im Besitz realisirte Wille, obschon er kein Recht begründet, sondern nur rein factisch, vielleicht im grellsten Widerspruch mit allem Recht, da ist, muß doch der allgemeinen Natur des

38) Recht des Besitzes im Mittelalter und in der Gegenwart. Tübingen 1848. §. 58.

Willens zufolge geschützt werden. — — Der Wille ist an sich seinem Wesen nach absolut frei, gerade die Anerkennung und Durchführung dieser Freiheit bildet das gesammte Rechtssystem. Zwang und Gewalt gegen ihn sind also im Allgemeinen schon an sich ohne Rücksicht auf seine besondere Gesetzmäßigkeit Unrecht, gegen welches er geschützt werden muß. Nur wenn er in unmittelbaren directen Gegensatz gegen den allgemeinen Willen oder das Recht tritt (Widersetzlichkeit gegen die Staatsgewalt und thätlicher Angriff gegen einen Andern), erscheint er als besonderer unrechtlicher Wille, gegen den Zwang und Gewalt erlaubt ist. — — Der Besitz ist also kein Recht wie Eigenthum, Obligation u. s. w., sondern Factum, allein das Factum wird, weil es factisches Dasein des Willens ist, des allgemeinen Rechts des Willens wegen gegen Gewalt geschützt. Im Schutz des Besitzes kommt daher erst die Persönlichkeit und Freiheit des Menschen zur vollen rechtlichen Anerkennung."

Dieser Auffassung haben sich Manche angeschlossen[39]), sie muß also wohl etwas Bestechendes haben, gleichwohl halte ich sie für völlig unhaltbar. Obschon von der Savigny'schen darin verschieden, daß sie das Verbot der Gewalt von innen heraus, aus dem im Besitz verkörperten concreten Willen motivirt, während Savigny dasselbe als ein Postulat der Rechtsordnung von außen her an den Besitz herantreten läßt, trifft sie doch in ihrem letzten Grunde mit ihm zusammen[40]), wie denn dies Savigny selber (S. 62) vollkommen richtig rücksichtlich Puchta's bemerkt hat. „Auch ich", sagt er, „erkläre jenen Schutz aus der Unverletzlichkeit der Person

39) So insbesondere Randa a. a. O. und auch Rudorff in der neusten Ausgabe von Savigny's Besitz S. 581. Windscheid, Pandekten §. 148 Note 6.

40) Dies erkennt auch Windscheid a. a. O. an.

und aus der Verbindung, in welche die Person mit einer Sache durch deren natürliche Unterwerfung getreten ist." Es ist mir sogar zweifelhaft, ob diese Verlegung des Unrechts der Gewalt aus der Sphäre der Rechtsordnung in die des subjectiven Willens eine Verbesserung und nicht vielmehr eine Verschlechterung der Savigny'schen Ansicht enthält, jedenfalls ist für mich das Verbot der Gewalt ungleich leichter vom Standpunkt der objectiven Rechtsordnung aus zu begreifen, als von dem des subjectiven Willens.

Ein Streit hat nur Aussicht auf Erledigung, wenn man sich vorher über den Standpunkt einig ist, den man dabei einnehmen will. Diese Bemerkung ist aber für die vorliegende Frage von größter Wichtigkeit, denn bei ihr scheint man den Standpunkt nichts weniger als fest innegehalten zu haben. Bald ist es das römische Recht, das man im Auge hat, bald ein beliebiges Idealrecht, das man sich zurecht legt, wie es eben paßt. Darum erkläre ich hier, daß ich bei der ganzen folgenden Erörterung ausschließlich das römische Recht zu Grunde lege. Führe ich den Beweis, daß die Theorie meiner Gegner sich mit dem römischen Recht in keiner Weise verträgt, weder mit der ihm zu Grunde liegenden Besitzeslehre, noch auch mit den von ihm befolgten allgemeinen Grundsätzen, wie ich diesen Beweis glaube liefern zu können, so mag jene Theorie immerhin einen rechtsphilosophischen oder legislativ-politischen Werth haben — darauf lasse ich mich nicht weiter ein, obschon ich selbst dies verneine — aber einen historischen Werth, eine dogmatische Wahrheit für das römische Recht kann sie dann nicht mehr beanspruchen, und das steht bei der vorliegenden Untersuchung allein in Frage.

Daß der Wille die vis agens des ganzen Privatrechts ist, darüber bin ich mit meinen Gegnern vollkommen einverstanden. Aber der Wille findet sein Maß und Ziel am Recht, und eine rechtliche Macht ist er nur dann, wenn er die Bahnen innehält, die das Recht ihm vorgezeichnet hat. Daß er auch jenseits derselben, ohne die Unterstützung des Rechts und gar im offnen Widerspruch mit demselben eine Geltung beanspruchen könne, ist eine Unwahrheit; das Recht müßte mit sich selbst in Widerspruch treten, um sie ihm zu gewähren. Wie aus der Aufgabe des Rechts: „die ungehemmte (?) Bethätigung und Verwirklichung des individuellen Willens thunlichst zu gewährleisten", folgen soll: „daß der bethätigte Wille auch dann, wenn er nicht als berechtigter, sondern bloß als thatsächlicher auftritt, gerichtlich geschützt werden muß, und zwar gegen jeden ihm angethanenen, wie immer gearteten Zwang, der nicht in Form Rechtens erfolgt" (Randa S. 86), ist mir ein einfaches Räthsel[41]). Unterscheiden wir doch nur die Persönlichkeit und das auf rechtswidrige Weise begründete Verhältniß. Erstere bleibt trotz des begangenen Unrechts, was sie ist, und büßt von ihrem Rechtsschutz nichts ein. Aber daraus folgt durchaus nicht, daß die Persönlichkeit, wie ein wunderthätiger Heiliger, alles Schlechte, Kranke, Unreine, was sie berührt, adeln, heilen, reinigen könnte, daß sie alle rechtswidrigen Verhältnisse, in denen sich der Wille irgend ein Mal verkörpert hat, mit dem weiten Mantel ihres eignen Rechtsschutzes zudecken könnte. Diese Verhältnisse lassen sich von ihr selber sehr wohl unterscheiden, sie sind ihr Werk, aber

41) Um so unbegreiflicher ist mir dies bei dem Scharfsinn, den der Verfasser im Uebrigen an den Tag gelegt hat, als er selber auf die Schwäche der Savigny'schen Deduction, daß die gewaltsame Besitzentziehung an sich unrechtmäßig sei, aufmerksam macht. S. oben Note. Ist denn sein angebliches Recht des Willens, gegen jede Gewalt auch im Fall des Unrechts geschützt zu sein, etwas Anderes als eine andere Ausdrucksform des Savigny'schen Gedankens des Verbots der Selbsthülfe, die Uebersetzung des objectiven Rechtssatzes in die Form des subjectiven Rechts?

nicht sie selbst, man kann das Werk vernichten, ohne den Meister zu treffen[42]). „Aber der Schlag, den man gegen das Werk führt, ist als solcher schon ein Unrecht!“ Das ist es, was ich bestreite. Es ist dies die Savigny'sche Idee des formalen in jeder Besitzverletzung enthaltenen Unrechts, die aber meines Erachtens am römischen Recht nicht die Probe besteht. Der Staat kann und wird stets dahin gelangen, die Gewaltthat innerhalb gewisser Gränzen zu verbieten, aber wenn und soweit er es thut, liegt das Motiv dazu für ihn nicht in dem Gedanken, daß Diebe und Räuber vermöge der Idee der absoluten Freiheit des Willens einen unweigerlichen Anspruch auf Schutz im ungestörten Genuß ihres Raubes haben, sondern in der legislativ-politischen Erwägung, daß die Selbsthülfe ein zweischneidiges Schwert ist, und daß er am besten thut, das Schwert der Gerechtigkeit selber in die Hand zu nehmen. Vom Standpunkt des Subjects aus vermag ich meinestheils nicht zur Verdammung der Selbsthülfe zu gelangen, und die Geschichte selber ist erst dazu gekommen, nachdem die Stufe der reinen Subjectivität des Rechts überwunden war. Was geschieht denn in Wirklichkeit dem Räuber für ein großes Unrecht, wenn der Beraubte bei der ersten Gelegenheit, wo er seiner habhaft wird, ihm die geraubte Sache wieder entzieht? Der Wille soll nicht gezwungen werden? Wird er etwa nicht gezwungen, wenn die Staatsbehörde ihm die Sache mit Gewalt entreißt? Aber das geschieht in Form Rechtens, lautet die Antwort. Gewiß, gleichwohl bleibt aber die Thatsache des Zwanges bestehen, der Wille ist also doch nichts so absolut Heiliges und Unantastbares, der Zwang

42) So verbietet zwar die Rücksicht auf das Recht der Persönlichkeit dem Gläubiger die Mißhandlung des flüchtigen Schuldners, aber keineswegs die Beschlagnahme der bei ihm angetroffenen Sachen, l. 10 §. 16 quae in fr. cred. (42. 8).

nichts so absolut Verwerfliches. Der Widerstand des unrechtmäßigen Willens gegen das Recht darf und soll gebrochen werden; wie das geschieht, ist eine reine Frage der Form, eine Frage, deren zweckmäßige Gestaltung zwar eine der wichtigsten Aufgaben der Rechtspflege, aber kein Recht der Diebe und Räuber bildet — in meinen Augen ebensowenig, als die zweckmäßige Belagerung einer Festung ein Recht für die Belagerten.

Doch, hören wir das römische Recht über die Frage. Wir fragen: ist Selbsthülfe und Gewalt schlechthin ein Unrecht, unverträglich mit der Idee der Freiheit des Willens, wie dieselbe im römischen Recht verwirklicht erscheint?

Vom Standpunkt des ältern Rechts ist die Frage jedenfalls zu verneinen. Weit entfernt die Selbsthülfe prinzipiell zu verdammen und zu verfolgen, erblickte dasselbe in ihr umgekehrt einen natürlichen Ausfluß, eine nothwendige Consequenz der Willensfreiheit, die man nur nöthig hatte in die rechten Bahnen nnd Formen zu weisen [43]. Aber auch das neuere Recht räumt unter dem Einfluß dieser altnationalen Anschauungsweise der Selbsthülfe einen Umfang ein, der zu der obigen Ansicht sehr wenig stimmt. Der **possessor justus** hatte bis auf Justinian das Recht, den **possessor injustus**, wenn er sich zur Wehr setzte, gewaltsam (nur nicht mit gewaffneter Hand) zu dejiciren; ebenso der Verpächter, Vermiether, kurz der Besitzherr den auf seinen Namen besitzenden Detentor [44]), und der Abwesende Denjenigen, der wäh-

43) S. meinen Geist des Röm. R. I. §. 11 (Aufl. 2 S. 118 bis 167).

44) Diese letztere Consequenz, die ich stets gelehrt habe, ist jetzt ausführlicher begründet von K. Ziebarth, Die Realexecution und die Obligation. Halle 1866. S. 57 ff.

rend seiner Abwesenheit sich den Besitz seines Grundstückes angeeignet hat. Wie stimmt dies zu der Annahme, daß die Idee der Unverletzlichkeit oder absoluten Freiheit des Willens der treibende Gedanke der ganzen Besitzeslehre gewesen sei? Ob die römischen Juristen durch eine geschickte Wendung des Besitzbegriffes jene Fälle ganz oder zum Theil unter den Begriff der Selbstvertheidigung gebracht haben, ist gleichgültig. Das Entscheidende ist: alle jene Personen haben thatsächlich die Sache in Händen, und ihr Wille, sich in dem Verhältniß zu behaupten, tritt, wenn er sonst in Zweifel hätte gezogen werden können, deutlich hervor, indem sie sich zur Wehr setzen, sie leiden also jenes Unrecht, welches angeblich eine absolute Verletzung der Persönlichkeit enthält, und gegen welches das Recht Niemanden soll schutzlos lassen dürfen: Gewalt.

Anstatt also in der Lehre vom Besitz den formalen Gesichtspunkt eines in der Gewaltthätigkeit schlechthin gelegenen Unrechts anzuwenden, läßt das römische Recht sich durch den materiellen Gesichtspunkt des zwischen den Personen obwaltenden Rechtsverhältnisses leiten. Eine und dieselbe Gewaltthat an verschiedenen Personen oder gegen verschiedene Personen verübt, erfährt eine völlig andere Beurtheilung.

Was hier vom Besitz bemerkt ist, gilt auch für das Obligationenrecht. Ist der obige Gesichtspunkt begründet, so muß jeder Besitzer einer fremden Sache, auch der Dieb und Räuber, wegen Entwendung, Beschädigung die entsprechenden Delictsklagen haben. Ist dies der Fall? Nein! Die **actio legis Aquiliae**, **condictio furtiva**, **actio furti**, **act. vi bonorum raptorum** werden den genannten Personen und überhaupt jedem **malae fidei possessor** versagt, und zwar nicht bloß gegen den wahren Eigenthümer, sondern gegen jeden Dritten [45]). Gerade bei diesen Klagen aber trat die Frage, um die es sich für uns handelt, in ungleich schärferer Weise als bei den possessorischen Interdicten an die römischen Juristen heran, denn hier stand **ex professo** die Delictsfrage zur Entscheidung. Ist es schlechthin ein Delict, einem Andern die Sache gewaltsam oder heimlich zu entziehen, oder sie zu beschädigen und vernichten, warum ermangeln jene Personen der angegebenen Schutzmittel? Welcher Widerspruch, in den sich die Gegner verwickeln: die possessorischen Klagen sollen eine Handlung als Delict verfolgen, welche bei den Delictsklagen nicht als Delict angesehen wird! Die angegebene Behandlungsweise galt bis zum **Decretum Divi Marci** auch für den Fall des Zwanges; der Schuldner, welcher vom Gläubiger gezwungen ward, hatte gegen ihn keine Klage — das angeblich formale Unrecht kam gegenüber dem materiellen Recht nicht zur Geltung [46]).

Aus alle Dem möchte sich doch wohl zur Evidenz ergeben, daß die obige Auffassung, der zufolge die Position des unrechtmäßigen Willens eine schlechthin unangreifbare, nur in Form Rechtens zu überwindende ist, der Wille, auch wenn er mit dem Rechte in Widerspruch steht, seiner selbst wegen einen Anspruch auf Schutz hat, keine römische, sondern eine moderne ist. Unmöglich kann sie also den Römern bei ihrer Gestaltung des Besitzinstituts zur Richtschnur gedient haben. Davon wollen wir uns nunmehr überzeugen.

Gewinnt das äußere Besitzverhältniß nur dadurch Bedeutung, daß der Wille in ihm sich verkörpert und verletzt wird,

---

45) Rücksichtlich der act. leg. Aq. l. 11 §. 6, 8 ad leg. Aq. (9. 2) rücksichtlich der übrigen Klagen s. oben S. 15.

46) l. 12 §. 2 quod met. (4. 2).

beruhen also die possessorischen Interdicte auf der Idee der Willensverletzung, so frage ich:

1. wie können dieselben gegeben werden in einem Fall, wo eine Willensverletzung gar nicht vorliegt, wo es sich vielmehr lediglich um Dasein oder Nichtdasein des Besitzes handelt?

Zwei Erbprätendenten, welche die Absicht haben, den Besitz des erbschaftlichen Grundstückes zu ergreifen, treffen von verschiedenen Seiten zu gleicher Zeit auf letzterem ein; sie wünschen zu wissen, wer von ihnen den Besitz erworben hat, ob einer **in solidum** oder beide gemeinschaftlich. Wer zweifelt, daß sie diese Frage mittelst des **interd. uti possidetis** zum Austrag bringen können? Oder müssen sie zu dem Zweck erst Thätlichkeiten begehen, um eine Willensverletzung zu constatiren? Zwei Mitbesitzer sind uneinig über eine vorzunehmende Reparatur, sie wünschen gerichtliche Entscheidung. Nach **l. 12 Comm. div. (10. 3)** erhalten sie dieselbe mittelst des **interd. uti possidetis**, ohne daß des Erfordernisses einer Gewaltthätigkeit dabei gedacht würde. Das **interd. utrubi** in seiner vorjustinianeischen Gestalt gewährte einen Besitzanspruch sogar gegen den dritten Besitzer, der die Sache nicht vom Kläger, sondern von irgend einem Andern und zwar möglicherweise auf völlig legalem Wege erhalten hatte. Der Gesichtspunkt eines Delicts war diesem Interdict ebenso fremd wie der **rei-vindicatio.**

2. Wird der Wille geschützt, und kommt der Besitz nur als Manifestation desselben in Betracht, wozu das Erforderniß des Besitzes, wenn der Wille auf andere Weise klar ist? Ein Jäger verfolgt ein Wild, ein anderer schießt es ihm vorweg; warum wird hier nicht eine Klage gegen ihn gegeben wegen Vereitlung fremden Willens? In einem öffentlichen Lokal belegt Jemand einen Stuhl, ein Anderer, der es gesehen, nimmt

ihn für sich. Der Wille, den Stuhl für sich zu haben, war klar genug an den Tag gelegt, allein wer wird hier an eine possessorische Klage denken? Ob aber der Wille auf dauernde oder vorübergehende Innehabung einer Sache gerichtet ist, was kann das ausmachen? Verdient der Wille an sich Schutz, so muß man ihn in dem einen Fall so gut respectiren, wie in dem anderen.

3. Aber selbst innerhalb der Besitzestheorie welche Unbegreiflichkeiten! Warum kein Besitz an einer besitzunfähigen Sache, warum keine Klage für den willensfähigen Haussohn, warum kein Schutz für die Besitzer auf fremden Namen? In allen diesen Fällen ist der Wille als solcher ebenso unbestreitbar, als beim Diebe und Räuber, und soll es sich bei letzteren aus der Natur des Willens ergeben, daß die rechtliche Natur ihres Verhältnisses zur Sache gar nicht in Frage kommt, warum denn das Gegentheil in jenen Fällen? Es sind klägliche Scheingründe, mit denen man diesen offnen Widerspruch zu verhüllen oder zu beseitigen sucht. Die Sache liegt keineswegs immer so, daß der Inhaber selber den Grund kennt, welcher den juristischen Besitz in seiner Person ausschließt. Ein Haussohn, der auf Grund glaubwürdiger Nachrichten vom Tode seines Vaters sich für einen paterfamilias hält, hat unzweifelhaft den animus possidendi. Und doch wird er, wenn der Gegner nachweist, daß der Vater noch lebt, mit dem Interdict abgewiesen. Mir ist ein Fall bekannt, wo ein Holzhändler des Glaubens gelebt hatte, daß der von ihm seit Jahren benutzte Abladeplatz für sein Holz ihm gehöre, während es sich hinterher zeigte, daß ein Theil desselben locus publicus war. Die Stadtbehörde verlangte von ihm die Räumung des Platzes und ließ, da er sich nicht fügte, das Holz wegschaffen. Hier lag doch eine unzweifelhafte Verletzung des fremden animus possidendi vor, gleichwohl aber ward Kläger mit seinem

Possessorium gegenüber der liquiden Einrede der Besitzunfähigkeit der Sache abgewiesen. Der Erbe, der nicht weiß, daß sein Erblasser den Acker bloß gepachtet hat, muß sich für den Eigenthümer halten, hat also ebenfalls den **animus possidendi** oder **domini**. Aber was nützt ihm derselbe, wenn der Verpächter das wahre Sachverhältniß nachweist?

Und selbst wenn der Detentor den Grund, der den juristischen Besitz in seiner Person ausschließt, kennt: ich sehe nicht ein, was dies, wenn es lediglich auf den Willen als solchen ankommt, ändern soll? Warum sollten nicht diejenigen Personen, welche wie der Pächter und Miether ein auf ihre Erben übergehendes, relativ geschütztes Recht an der Benutzung der Sache haben, für ihren auf dies Nutzungsverhältniß gerichteten Willen dieselbe Anerkennung und denselben Schutz begehren dürfen, wie der vom beliebigen Widerruf abhängige Precarist, wie der durch ein jeder Zeit mögliches Zahlungsanerbieten zu entfernende antichretische Pfandgläubiger, wie der sein Recht auf seine Erben nicht transmittirende Usufructuar? Es ist eitel Spitzfindigkeit, wenn man einwendet, sie hätten nicht den Willen, zu besitzen. Regelmäßig haben sie von dem Unterschied zwischen Detention und juristischem Besitz nicht die geringste Vorstellung, ihr Besitzwille ist von dem jener anderen Personen in Nichts verschieden. Aber, wird man einwenden: sie dürfen ihn nicht haben. Nun gut, dann liegt der Grund, warum ihnen der Besitz abgesprochen wird, nicht in ihrem Willen, sondern in der Rechtsregel; nicht darum fehlt ihnen der Besitz, weil ihnen der Wille fehlt, sondern man spricht ihnen den Willen ab, weil das Recht ihnen keinen Besitz einräumt.

Wenn Bruns (S. 494) den Umstand, daß „Commodat und Miethe kein dingliches Recht, somit keine unmittelbare Herrschaft über die Sache geben" zur Erklärung zu benutzen sucht, so frage ich: hat denn der Precarist ein dingliches Recht? Er hat nicht einmal ein relatives, wie es doch dem Pächter zur Seite steht; das Precarium kann ihm jeder Zeit entzogen werden. Und doch hat er den juristischen Besitz! Man setze einmal den Fall, das römische Recht hätte sich über das Besitzverhältniß beider Personen gar nicht ausgesprochen — und ich möchte wissen, ob irgend Jemand dasselbe aus der Idee der Freiheit und Unverletzlichkeit des Willens heraus deducirt haben würde.

Der Pächter hat nach römischem Recht keinen possessorischen Schutz, und dieser Satz galt in Rom früherhin auch für die Pächter der agri vectigales, bis sie durch das prätorische Edict petitorischen und possessorischen Schutz erhielten. Stand diese Neuerung mit ihrem Willen in Zusammenhang, ging mit ihm eine solche Veränderung vor, daß der Prätor sich gedrungen fühlte, dem entsprechend sie als Besitzer anzuerkennen? Schwerlich wird doch wohl Jemand glauben, daß der Pächter eines ager vectigalis einen andern Willen gehabt habe, als ein sonstiger Pächter.

Ich habe mich bei der vorstehenden Widerlegung auf die Hauptvertreter der obigen Ansicht beschränkt, und man wird nicht von mir verlangen, daß ich alle die Variationen und Wendungen, in denen dieselbe bei neueren Schriftstellern wiederkehrt, namhaft mache [47]). Nur mit Windscheid glaube ich insofern eine Ausnahme machen zu müssen, als der obige Gedanke bei ihm eine Fassung erhalten hat, die von der gangbaren nicht unerheblich abweicht. „Jeder," sagt er in seinen Pandekten (I S. 365), „ist im Staat dem Andern gleich,

47) Rücksichtlich der Auffassung von Lenz, das Recht des Besitzes und seine Grundlagen 1860 verweise ich auf Windscheid Pandekten §. 150 Anm. 1.

Niemand soll sich über den Andern erheben. Jeder Wille, welcher sich im Besitz zur thatsächlichen Geltung bringt, ist, ganz abgesehen von der Berechtigung seines Inhalts, als solcher gerade so viel werth, wie jeder andere Einzelwille, welcher sich die Sache unterwerfen möchte; will ein anderer Einzelwille sich ihm gegenüber durchsetzen, so mag derselbe die höhere Entscheidung der vom Staat geordneten Organe der Rechtsordnung anrufen." Aber worauf beruht der zwingende Grund für dieses Anrufen, wenn jeder Wille gerade so viel werth ist wie der andere? Dann giebt, wie überall, wo Wille und Wille, Kraft und Kraft um den Preis ringen, das Uebergewicht der Kraft den Ausschlag. Oder kann der bisherige Besitzer in die Wagschaale werfen, daß er bereits seine Kraft bethätigt habe, und daß das Produkt seiner Kraft respectirt werden müsse? Wenn er bei der Aneignung das Recht zur Seite hatte, gewiß; wenn aber nicht, wenn sich also der Räuber, dem die Sache von einem zweiten mächtigeren Räuber abgejagt wird, lediglich auf seinen Besitz, d. h. die Thatsache seiner Kraftbethätigung beruft, so setzt ihm sein Gegner ganz dasselbe Argument entgegen; die Thatsache ist nunmehr auf seiner Seite. Stellt man den Besitz rein auf den thatsächlichen Willen, entbindet man ihn also damit von jeglicher Beziehung zum Recht, so ist er nichts als eine Prämie der Kraft, des Uebergewichts der Macht, und vergebens müht man sich ab mit Regeln, die dem R e c h t entlehnt sind, wie z. B. **in pari conditione conditio possidentis melior est**, die unvermeidliche Consequenz abzuwehren, daß die Kraft die Kraft besiegt. Mit Hülfe des bloß thatsächlichen Willens läßt sich der Besitz einmal nicht construiren. Der Wille, der sich mit dem Recht in Widerspruch setzt, kann keinen Schutz begehren, und wenn das Recht sich dennoch veranlaßt gefunden hat, ihm denselben in Bezug auf den Besitz zu ertheilen, so muß der Grund davon nicht in dem Willen, sondern in etwas Anderm gesucht werden.

V.

Die absoluten Ansichten.

Die Stahl'sche Theorie.

Nach Stahl [48]) trägt der Besitz seine rechtliche Bedeutung in sich selbst, Stahl's Ansicht gehört also zu den soluten.

„Der Besitz dient ebenso wie das Eigenthum der allgemeinen Bestimmung des Vermögens: der Befriedigung der menschlichen Bedürfnisse durch die Sache. Darum ist es angemessen, daß auch ihm ein rechtlicher Schutz ertheilt werde, nur von anderer Art als der des Eigenthums, nämlich nicht eine Gewähr der Sache selbst und daher gegen jeden, der die Sache vorenthält, sondern nur eine Gewähr des factischen Zustandes, und daher nur gegen den, welcher diesen Zustand (durch seine positive That d. h Delict) aufhebt. — Die Absicht des Besitzers ist, den faktischen Zustand zu Sachen zu conserviren. Das Institut des Besitzes ist eine provisorische oder subsidiäre Regulirung desselben Lebensverhältnisses, dessen eigentlich beabsichtigte, definitive Regulirung das Institut des Eigenthums ist. Eben darum muß der Besitz auch in einer steten Beziehung zum Eigenthum stehen."

Der Grund des Besitzesschutzes liegt also nach der Stahlschen Auffassung in dem ökonomischen Interesse, welches auch

48) Die Philosophie des Rechts. Bd. 2 Abth. 1 S. 364 fl. Aufl. 2.

das bloß factische Haben für die Verkehrszwecke hat. Dies Interesse ist nun zwar für den einzelnen Besitzer völlig unläugbar; ob der Besitzer berechtigt oder nicht berechtigt ist, verschlägt für die ökonomische Verwendung, welche er von der Sache machen kann und macht, nicht das Mindeste; wird ihm die Sache entrissen, so leidet er ökonomisch darunter. Aber dieser Gesichtspunkt des ökonomischen Interesses ist für das Recht allein nicht der entscheidende. Zu dem Interesse muß sich vielmehr noch ein Grund hinzugesellen, welcher der Person einen Anspruch auf rechtlichen Schutz verleiht. Wo dieses Moment fehlt, versagt das Recht seinen Schutz, das Interesse bleibt ein bloß factisches; wo es vorhanden ist, ertheilt das Recht denselben und erhebt damit das bloße Interesse zum Range eines Rechtes. Rücksichtlich des Verhältnisses der Person zur Sache hat nun das römische Recht diesen Schutz zuzunächst an den Begriff des Eigenthums geknüpft, d. h. an den Nachweis derjenigen Bedingungen, welche in der Theorie als Eigenthumserwerbungsarten aufgeführt werden. Es ist die Absicht, das Ziel des Rechts, den Zustand zu verwirklichen, der als factischer dem rechtlichen des Eigenthums entspricht, dem Eigenthümer den Besitz zu sichern. Nun ist es zwar begreiflich, daß das Recht im Interesse der öffentlichen Ordnung jede eigenmächtige Störung des factischen Zustandes der Sachen verbietet — eine Polizeimaßregel, wie z. B. das Verbot der Störung der nächtlichen Ruhe — allein daraus folgt keineswegs, daß bei einer Störung des Besitzers durch den Eigenthümer dem Rechtsstreit, der das Verhältniß beider Personen definitiv zur Entscheidung bringen könnte, eine Richtung auf den bloß factischen Zustand gegeben werden müsse, die an die Stelle der definitiven eine bloß provisorische Regulirung desselben setzt, indem sie dem Eigenthümer die Berufung auf sein Eigenthum abschneidet. Ueber dem Interesse der Conservation des bloß factischen Zustandes steht doch das der Herstellung des rechtlichen, und so sehr es immerhin der Aufgabe der Polizei entspricht, sich rein auf den ersteren Zweck zu beschränken, so wenig stimmt es zu der Aufgabe des Richters, dem Recht zu Gunsten des bloßen Factums das rechtliche Gehör zu versagen. Stahl selber hat dies gefühlt und findet daher in der angeblich durch die deutsche Proceßpraxis zugelassenen liquiden Einrede des Eigenthums gegen das Possessorium einen Fortschritt in der Entwickelung der Besitzidee, während doch diese Aenderung, wenn sie in der That begründet wäre, was sie nicht ist, eine vollständige Aufgabe der römischen Besitzidee enthalten würde. Und um den römischen Besitzbegriff, nicht um einen beliebig selbstgemachten, handelt es sich doch bei unserer Frage.

Es gibt aber noch einen andern Punkt in der römischen Besitzeslehre, welcher mit der Stahl'schen Auffassung sich ebenso wenig vereinigen läßt; es ist jenes Verhältniß, das schon für so manche andere Versuche verhängnißvoll geworden ist: der Gegensatz zwischen dem juristischen Besitz und der bloßen Detention. Ist die Conservation des factischen Zustandes Grund und Zweck des Besitzesschutzes, warum beschränkt das römische Recht diesen Schutz auf den juristischen Besitzer? Sieht man auf das ökonomische Interesse der Person, so ist doch das des Miethers und Pächters kein geringeres als das des Diebes und Räubers; sieht man auf das angebliche rechtsphilosophische Motiv des Besitzinstituts: die Bestimmung des Vermögens, dem menschlichen Bedürfniß zu dienen, so dient die Sache dieser ihrer Bestimmung in den Händen des Einen so gut wie in denen des Andern. So bleiben gerade die beiden charakteristischen Züge der römischen Besitzeslehre: die Ausschließung der Rechtsfrage im Besitzproceß und die Unterscheidung des juristischen und natürlichen Besitzes für Stahl ungelöste Räthsel.

Und doch war er nahe daran, in den rechten Weg einzulenken! Er hätte zu dem Zweck nur die Idee der „steten Beziehung des Besitzes zum Eigenthum", welche er selber betont, weiter verfolgen sollen, sie hätte ihn sicher zum Ziel geführt. Aber diese Idee taucht bei ihm nur auf wie ein Gedankenblitz, eine momentane Ahnung des Richtigen ohne weitere Folge, wie es denn überhaupt zu den Eigenthümlichkeiten dieses reichen Geistes gehört, daß bei ihm nicht selten die Ideen sich drängen und überstürzen, und neben denjenigen, für die er sich entscheidet und die er zu begründen versucht, auch Ansätze völlig heterogener mit unterlaufen.

VI.

Der Besitz eine Eigenthumsposition.

Unvollständigkeit des Eigenthumsbesitzes ohne Besitzesschutz.

Ich wende mich nunmehr der Darlegung meiner eignen Ansicht zu. Ich fasse sie zusammen in den Satz: der Schutz des Besitzes als der Thatsächlichkeit des Eigenthums ist eine nothwendige Vervollständigung und Ergänzung des Eigenthumsschutzes, eine dem Eigenthümer zugedachte Beweiserleichterung, die aber nothwendigerweise auch dem Nichteigenthümer zu Gute kommt.

Der Gedanke, den Besitz mit dem Eigenthum in Verbindung zu setzen, ist, wie die bisherige Darstellung gezeigt hat, kein neuer.

Der Besitz ist „Ausübung des Eigenthums" (S. 20), „präsumtives, mögliches, anfangendes Eigenthum" (S. 24, 26), er steht „in steter Beziehung zum Eigenthum" (S. 42) und selbst Savigny, so wenig er im Uebrigen diese Ansicht theilt, hat ihr doch eine gewisse Wahrheit zuerkannt, und vielleicht dürfte sie auch bei seiner Erfindung des animus domini nicht ohne Einfluß geblieben sein. Aber die Art, wie man diese Verbindung bisher zu begründen versucht hat, ist meines Erachtens keine befriedigende, und ich werde daher im Folgenden einen andern Weg einschlagen.

Gegen einen solchen erneuten Versuch könnte von vornherein die Art, wie die römischen Juristen jede Vermischung des Besitzes und Eigenthums zurückweisen, bedenklich machen. Nihil commune habet proprietas cum possessione, sagt Ulpian in l. 12 § 1 de poss. (41. 2); permisceri causas possessionis et ususfructus non oportet quemadmodum nec possessio et proprietas misceri debent, heißt es bei Venulejus in l. 52 pr. ibid., und in l. 1 § 2 uti poss. (43. 17) setzt Ulpian den Grund der Einführung des interd. uti possidetis darein: quod separata esse debet possessio a proprietate. Allein in welchem Sinne sind diese Aeußerungen gemeint? In einem Sinn, in dem sie unsere Ansicht gar nicht berühren, nämlich in dem der praktischen oder dogmatischen Selbständigkeit des Besitzes gegenüber dem Eigenthum. Für die Besitzfrage ist das Recht gleichgültig, im Besitzproceß ist jede Hineinziehung der Eigenthumsfrage principiell ausgeschlossen — zu diesem Resultat gelangen auch wir. Aber eine ganz andere Frage ist die legislative oder rechtsphilosophische Beziehung beider Institute, und um diese von den römischen Juristen kaum je [49]) aufgeworfene Frage handelt es sich im vorliegenden Fall.

49) Höchstens die dürftige in l. 1 §. 1 de poss. berichtete Aeußerung von Nerva: dominium rerum ex naturali possessione coepisse ausgenommen.

Der Eigenthumsschutz postulirt den Besitzschutz, letzterer ist ein unentbehrliches Complement des römischen Eigenthumssystems.

Niemand ist weiter wie ich davon entfernt, das römische Eigenthumssystem für die praktisch oder logisch allein zu rechtfertigende Gestalt des Verhältnisses des Menschen zur Sache anzusehen, aber wenn und wo dieses System einmal gelten soll, ist der Besitzesschutz zur Vervollständigung desselben in meinen Augen völlig unentbehrlich.

Ich kann mir einen Rechtszustand denken, der lediglich auf den Besitz gestellt ist, d. h. wo der Inhaber der Sache nur gegen den, der unmittelbar in sein Verhältniß zur Sache eingreift, mittelst possessorischer und Delicts-Klagen geschützt ist, ohne gegen dritte Personen die reivindicatio zu haben, allein ich kann mir keinen Zustand als praktisch möglich denken, der ausschließlich auf das römische Eigenthum mit Ausschluß des Besitzesschutzes basirt wäre, d. h. wo überall, wo es sich um eine Abwehr von Eingriffen in jenes Verhältniß handelte, der Eigenthumsbeweis erbracht werden müßte [49a]).

Man vergegenwärtige sich nur, wohin eine solche Behandlungsweise führen würde. Bei jeder Besitzesstörung müßte sich der Eigenthümer statt auf seinen Besitz auf sein Eigenthum berufen, mithin nöthigenfalls den Beweis desselben erbringen, und im Fall eines Diebstahls oder damnum injuria datum würde ganz dasselbe gelten, die Legitimation des Klägers müßte auch bei der cond. furtiva und der act. legis Aqui-

---

49a) Arndts in der Zeitschr. für Civilr. und Proceß, N. F. III. S. 414, meint umgekehrt: „Ein Rechtssystem, welches dem bloßen Besitz als solchen gar keinen Rechtsschutz darböte, würde zwar allerdings an einer fühlbaren Lücke leiden, aber die Erreichung des Zwecks des Eigenthums, wenn man nur die Eigenthumsklage nicht abschneidet, wäre dennoch nicht unmöglich."

liae durch den Beweis des Eigenthums erbracht werden. Was hieße dies anders, als: jeder, der sein Eigenthum nicht beweisen kann, ist vogelfrei?

Aber, wird man mir einwenden, das römische Recht hat ja in der That die genannten Deliktsklagen an den Nachweis des Eigenthums geknüpft; wird doch die condictio furtiva ausdrücklich auf den Eigenthümer beschränkt[50]), und gewährte doch die lex Aquilia die Klage wegen damnum injuria datum ebenfalls nur dem „herus", d. i. dominus[51]). Gewiß! Aber folgt daraus, daß der Kläger sein Eigenthum habe beweisen müssen? Diese Folgerung scheint so nothwendig zu sein, daß meine Frage den Eindruck einer quaestio Domitiana machen mag. Und doch halte ich die Frage nicht bloß für eine wohl aufzuwerfende, sondern ich verneine sie mit aller Entschiedenheit. Es ist ein verbreiteter Irrthum, daß der Kläger alle in unsern Quellen namhaft gemachten positiven Voraussetzungen seines Anspruches zu beweisen habe, so daß demzufolge positiver Thatbestand des Geschäfts und Beweissatz sich stets decken würden. Nur rücksichtlich der negativen Voraussetzungen: der Hindernisse seines Rechts, wie z. B. der Frage von der Usucapionsfähigkeit der Sache und der bona fides bei der Usucapion, hilft man ihm durch eine Präsumtion. Allein man mache einmal die Probe jenes Axioms. Erforderniß des Darlehns ist das Eigenthum der Geldstücke[52]), jener Ansicht zufolge müßte daher der Kläger bei der condictio ex mutuo dasselbe beweisen. Wird Jemand im Ernst glauben, daß ein römischer Richter einen so unsinnigen Beweis auferlegt habe? Wozu denn aber,

50) l. 1 de cond. furt. (13. 1): In re furtiva soli domino condictio competit.

51) l. 11 §. 6 ad leg. Aq. (9. 2): Legis antem Aquiliae actio hero competit i. e. domino.

52) l. 2 §. 4 de R. Cr. (12.1).

wird man fragen, jenes Erforderniß, wenn es nicht in Betracht kam? In Betracht kam es wohl, aber nicht von Seiten des Klägers, sondern des Beklagten, d. h. als Moment des indirecten Gegenbeweises. Für den Kläger genügt der Beweis der Hingabe des Geldes, Sache des Beklagten ist es, wenn er wegen mangelnden Eigenthumsüberganges die verbindliche Kraft des Darlehns bestreitet, diesen Beweis zu erbringen [53]). Nicht etwa der Chicane wegen war ihm dieser Einwand vorbehalten, der übrigens durch die geschehene Consumtion des Geldes und den dadurch nachträglich erfolgten Eigenthumsübergang beseitigt werden konnte [54]), sondern mit Rücksicht auf den Fall, daß ihm die vom Kläger gegebenen fremden Geldstücke vom wahren Eigenthümer evincirt worden waren. [55]). Ohne das Erforderniß des Eigenthumsüberganges wäre das Darlehn auch in diesem Fall schlechthin verbindlich gewesen, und im alten Recht, welches bekanntlich keine Exceptionen kannte, hätte der Beklagte, da es an den Voraussetzungen des Darlehns nicht gefehlt hätte, unabwendlich verurtheilt werden müssen. In dem Erforderniß des Eigenthums steckte also so zu sagen eine nur für einen ganz besondern Fall berechnete, vom Beklagten zu beweisende Einrede des ältern Rechts, ein Einwand in **Ipso-jure**-Form [56]).

Denselben Sinn, wie in diesem Fall hatte das Erforderniß des E i g e n t h u m s auch in manchen andern Fällen, so z. B. bei

---

53) arg. l. 13 §. 1 ibid. admonitus (creditor) alienos nummos fuisse.

54) l. 11 §. 2, l. 13 de R. Cr. (12. 1), l. 56 §. 2 de fidej. (46. 1).

55) Ein Beispiel in l. 1 §. 1 de stip. serv. (45.3) . . nummi tui manebunt, vindicando ergo eam pecuniam tu consequi potes. S. auch l. 15 i. f. de reb. dub. (34. 5).

56) Eine ausführliche Erörterung dieser Vertheidigungsform des ältern Processes s. in meinem Geist des R. R. III S. 65 fl., wo auch S. 76 das Beispiel im Text bereits benutzt ist.

dem legatum per vindicationem[57]). Zur Gültigkeit desselben ward erfordert, daß der Testator das Eigenthum der Sache gehabt habe[58]). Hätte dies den Sinn gehabt, daß der Legatar, der ja gar keine Beweisdocumente in Händen hatte, dem Erben, der, wenn irgend einer sie besaß, diesen Beweis hätte führen sollen, es wäre wohl in den meisten Fällen um das Legat geschehen gewesen. Was der Satz beabsichtigte, war ebenfalls nur, dem Erben einen Einwand offen zu halten, nämlich den, daß der Testator einen ihm nicht gehörigen Gegenstand legirt habe; seine Sache war es, diesen Einwand vorzuschützen und zu beweisen.

Eine ganz ähnliche Bewandniß hatte es mit dem Erforderniß des Eigenthums an dem Sclaven für die von letzterem für seinen Herrn abgeschlossenen Rechtsgeschäfte. Glaubt man etwa, daß jeder, der aus einem solchen Geschäft belangt ward, den Herrn zum Nachweis seines Eigenthums hätte zwingen können? Auch hier war es Sache des Beklagten, durch Nachweis des mangelnden Eigenthums die Unwirksamkeit des Geschäfts darzuthun, und Justinian ging sogar so weit, ihm diesen Gegenbeweis abzuschneiden und die Bezeichnung des Sclaven in der Stipulationsurkunde als eines dem Kläger gehörigen für absolut beweiskräftig zu erklären[59]).

Diese Beispiele, die ich durch manche andere aus andern Rechtsgebieten als dem Eigenthum vermehren könnte, mögen einen Anhaltspunkt geben zur Beantwortung der Frage, welchen Sinn das Erforderniß des Eigenthums bei der cond. furtiva und act. legis Aquiliae gehabt haben mag. In meinen Augen nur den, daß sie dem Beklagten die Möglich-

57) Ich habe mich darüber ebenfalls schon am angeführten Ort II S. 350, 351 geäußert.

58) Gaj. II 196.

59) l. ult. Cod. de cont. stip. (8. 38) . . tales scripturas omnifariam esse credendas.

keit eröffnete, durch den Nachweis, daß die Sache nicht dem Kläger, sondern einem Andern gehörte, sich der Klage zu entziehen[60]). So wie der Beklagte der act. furti dadurch ausweichen kann, daß er nachweist, der Kläger selber habe die Sache irgendwem gestohlen[61]), habe also kein Interesse daran, so auch bei jenen Klagen, indem er darthut, daß die Sache nicht dem Kläger, sondern einem Andern gehöre.

Ich kann mir denken, daß diese Ansicht, eben weil sie nicht direct in den Quellen ausgesprochen ist, in den Augen aller Derer, deren Denken über den unmittelbaren Inhalt der Quellen nicht hinausgeht, keine Gnade finden wird, und ich würde nicht gerade erstaunen, wenn ein Student in einem Praktikum dem Kläger, dem bei einer Darlehnsklage oder der condictio furtiva und act. legis Aquiliae das Eigenthum von Seiten des Beklagten bestritten würde, den Beweis seines Eigenthums auferlegen wollte. Bei einem Praktiker halte ich eine solche Verirrung für unmöglich, bin vielmehr der Ueberzeugung, daß derselbe, auch ohne daß unsere Theorie ihm dazu Anleitung gibt, von selbst denselben Grundsatz zur Anwendung bringen wird, den der Code Napoleon in Art. 2230 ausspricht: on est toujours présumé posséder pour soi et à titre de propriétaire, s'il n'est prouvé qu'on a commencé à posséder pour un autre[62]).

Was ist nun aber mit der bisherigen Ausführung für

---

60) Daß man beim damnum injuria datum späterhin auch dem bonae fidei possessor eine act. in factum einräumte, l. 11 §. 8 ad leg. Aq. (9. 2), interessirt uns hier nicht.

61) l. 12 §. 1 de furt. (47. 2).

62) S. auch art. 2279: en fait de meubles la possession vaut titre. Die Präsumtion: posséder pour soi galt auch in der römischen Praxis, s. das Zeugniß bei Paul. Sent. Rec. V l. 1 §. 2 sufficit ad probationem, si rem corporaliter teneam.

die Frage vom Besitzesschutz gewonnen? Ich meine Folgendes. Das römische Recht weist die cond. furtiva und act. legis Aquiliae dem Eigenthümer zu, aber den Beweis erleichtert es ihm dahin, daß der Nachweis der bloßen Thatsächlichkeit des Eigenthums, d. h. des Besitzes genügt — bis auf erbrachten Gegenbeweis gilt der Besitzer als Eigenthümer. Das Motiv dieser Beweiserleichterung liegt nicht ausschließlich in der Schwierigkeit des Eigenthumsbeweises auf Seiten des Klägers, denn dann müßte sie überall eintreten, wo dieser Beweis zu führen wäre, also auch bei der reivindicatio und negatoria, sondern wesentlich mit in dem Delikt auf Seiten des Beklagten. Wie bestimmend das letztere Moment für den Maßstab gewesen ist, den das römische Recht für den Beweis zur Anwendung bringt, zeigt, um anderer Beispiele zu geschweigen, das juramentum in litem; die Beweiserleichterung, welche dasselbe für den Beweis des Interesses gewährt, hat ihren Grund ebenfalls nicht bloß in der Schwierigkeit dieses Beweises, sondern eben so sehr in dem dolus oder der contumacia des Beklagten.

Die Beweiserleichterung, die dem Eigenthümer bei den angegebenen Klagen zu Theil wird, wiederholt sich bei dem Besitz; der Beweis der Thatsächlichkeit des Eigenthums ersetzt auch hier den Beweis des Eigenthums. Nur darin findet bei den Besitzklagen eine Abweichung von dem obigen Verhältniß Statt, daß die bei letzterem dem Beklagten nachgelassene Möglichkeit der Entkräftung dieses Beweises durch Nachweis eines fremden oder eignen Eigenthums hier grundsätzlich ausgeschlossen ist. Diese principielle Ausschließung der Eigenthumsfrage drückt dem Besitz seinen eigenthümlichen Charakter auf. Woher diese Verschiedenheit? Bei den obigen beiden Delictsklagen wird der Thäter, der an den vermeintlichen Eigenthümer die gestohlene Sache herausgegeben oder für die beschädigte Schadensersatz geleistet hat, dadurch von seiner Haftpflicht gegenüber dem wahren Eigenthümer nicht frei[63]), und dieser Umstand würde ihn, wenn man ihm den angegebenen Beweis abschnitte, der Gefahr aussetzen, doppelt leisten zu müssen. Eine solche Gefahr aber droht dem Beklagten im Besitzproceß nie. Mit der Restitution des Besitzes an den Kläger, auch wenn letzterer nicht Eigenthümer ist, beziehungsweise der Unterlassung fernerer Störung ist er aller denkbaren Ansprüche aus seiner Handlung überhoben.

Der hier entwickelten Auffassung des Besitzesschutzes zufolge läßt sich der Besitz als eine Eigenthumsposition, als ein Vorwerk des Eigenthums bezeichnen. Nicht seiner selbst wegen ist derselbe da, sondern um des Eigenthums willen. In dem Besitz vertheidigt sich der Eigenthümer gegen die ersten Angriffsversuche auf sein Recht, es wird auf diesem Terrain keine Entscheidungsschlacht über das Eigenthum geschlagen, sondern es bleibt bei einem bloßen Scharmützel, einem Vorpostengefecht, bei dem, wenn ich den Vergleich durchführen darf, es nicht des schweren Geschützes bedarf, sondern für welches die leichte Waffe ausreicht, — — gegen Diebe und Räuber vertheidigt man sich nicht mit Kanonen!

Um des Eigenthums willen also ist der Besitzesschutz eingeführt. Aber dem Eigenthümer kann man ihn nicht zuwenden, ohne zugleich den Nichteigenthümer daran participiren zu lassen. Denn ermäßigt man den eigentlich erforderlichen Eigenthumsbeweis zu dem Nachweis der bloßen Thatsächlichkeit

63) L. 76 § 1 de furt. (47,2) ... cum posteriore fure dominus furti agere potest, fur prior non potest — — — sed et condictionem (habet) quia ex diversis factis tenentur.

des Eigenthums, so kommt diese Beweiserleichterung jedem zu gute, der diese Voraussetzung in seiner Person nachzuweisen vermag. Damit gewinnt der Besitz dem Eigenthum gegenüber eine Selbständigkeit und Unabhängigkeit, die es ihm möglich macht, anstatt ausschließlich dem Eigenthum zu dienen, sich auch umgekehrt gegen dasselbe zu kehren. Denselben Dienst, den der Besitz dem besitzenden Eigenthümer erweist, ihn in leichter Weise gegen Nichtbesitzer zu schützen, erzeigt er auch dem besitzenden Nichteigenthümer gegen den nichtbesitzenden Eigenthümer.

Die richtige Auffassung dieses Verhältnisses ist nun in meinen Augen das eigentliche **Punctum saliens** der ganzen Besitzeslehre. Faßt man es als die normale Gestalt des Besitzes auf, so gelangt man mit Nothwendigkeit zu den obigen Theorieen, welche den Zweck des Besitzes in ihm selber suchen; erblickt man dagegen mit mir den Zweck des Besitzes in der dem Eigenthümer zugedachten Beweiserleichterung, so erscheint jenes Verhältniß als eine bloße Verschiebung der normalen Gestalt des Besitzes. Den Vertheidigern jener Ansicht ist dies Verhältniß Zweck des Besitzes, mir eine unvermeidliche Consequenz desselben, der Preis, den das Gesetz zahlen muß, um dem Eigenthümer den ihm zugedachten erleichterten Eigenthumsschutz zuzuwenden.

Eine schlagende, mit dem Besitz zusammenhängende Parallele gewähren die Inhaberpapiere. Sie verdanken ihre Einführung demselben Motiv der Vereinfachung und Erleichterung des Beweises, welches der obigen Ansicht zufolge den Schutz des Besitzes hervorgerufen hat: der Beweis der Gläubigerschaft wird ersetzt durch die Vorweisung der Urkunde. Aber eben damit wird dieser Vortheil neben dem wahren Gläubiger auch dem Diebe und Räuber zugewandt; auch hier also kehrt eine Einrichtung, die im Interesse des wahren Berechtigten in's Leben gerufen ist, sich gegen ihn, indem sie dem Nichtberechtigten die Realisirung des Anspruchs ermöglicht.

In diesem Verhältniß tritt die meiner obigen Auffassung von Besitzesschutz zu Grunde gelegte Unterscheidung zwischen den beabsichtigten und nichtbeabsichtigten Wirkungen eines Instituts[64]) in so evidenter Weise hervor, daß Niemand darüber im Zweifel sein und auf den unsinnigen Einfall verfallen wird, nicht das Recht des wahren Gläubiger, sondern das des Diebes und Räubers seiner Erklärung des Instituts zu Grunde zu legen.

So einfach steht nun allerdings die Sache beim Besitz nicht, und wir können hier die Ansicht, welche auch den Besitzesschutz des Diebes und Räubers als eine vom Gesetz erstrebte Wirkung des Besitzes bezeichnet, keineswegs von vornherein als eine unsinnige zurückweisen. Es liegt uns mithin ob, wenn wir die obige Unterscheidung zwischen den beabsichtigten und den nicht beabsichtigten, aber unvermeidlichen Wirkungen eines Instituts auf den Besitz zur Anwendung bringen wollen, unsere Berechtigung dazu entweder aus allgemeinen Gründen oder aus dem römischen Recht darzuthun. Auf erstere verzichte ich, — nicht, weil ich meinerseits ihnen keinen Werth beilegte, sondern weil ich weiß, wie wenig man damit in der Regel ausrichtet. Möge also das positive Zeugniß des römischen Rechts allein den Ausschlag geben.

Die römischen Juristen sprechen sich bekanntlich so gut wie nie über den legislativen Zweck eines Instituts aus, und vergebens würde man auch bei unserer Frage nach derartigen

64) Ich habe nicht nöthig, sie durch andere Beispiele zu erläutern, sie bieten sich ungesucht in Menge dar, beispielsweise nenne ich die Rechtskraft des Urtheils. Es ist eine leidige Consequenz der Rechtskraft des Urtheils, daß auch das ungerechte Urtheil unumstößlich wird, aber wer wird darin den Zweck der Einrichtung erblicken!

Aeußerungen von ihnen sich umsehen. Dagegen bieten unsere Quellen zwei Argumente dar, um auf indirectem Wege die Richtigkeit der obigen Ansicht darzuthun, von denen ich das eine (die Beziehung der **interd. retinendae possessionis** zum Eigenthum) der spätern Darstellung (VII) vorbehalten muß, das andere hier mittheilen will. Es ist früher bemerkt (Not. 45), daß das römische Recht den Dieb, Räuber, überhaupt den **malae fidei possessor** des Rechtsschutzes für unwürdig erklärt, ihnen die persönlichen Klagen wegen heimlicher oder gewaltsamer Entziehung oder wegen Beschädigung der von ihnen besessenen fremden Sachen abspricht. Wenn diese Personen nun gleichwohl des Besitzesschutzes theilhaftig werden, so kann der Grund meines Erachtens nur darin gefunden werden, daß die Zulassung der Rechtsfrage, wodurch diesem Resultat vorgebeugt werden könnte, den Werth des Besitzesschutzes für den Eigenthümer wesentlich beeinträchtigen würde, indem damit dem Gegner eine Quelle von Weiterungen, Chicanen und leeren Ausflüchten eröffnet würde. Besser aber, daß ausnahmsweise auch der Unwürdige am Besitzesschutz participirt, als daß letzterer selber abgeschwächt wird.

Ausnahmsweise, sage ich, und darüber muß ich einige Worte hinzufügen. In der Besitztheorie stehen zwar der unrechtliche und rechtliche Besitzer sich völlig gleich, sie kennt hinsichtlich beider weder Regel noch Ausnahme. Aber im Leben stellt sich die Sache anders. Man vergleiche einmal die Fälle, wo das normale Verhältniß des Eigenthums Platz greift, d. h., wo sich der Besitz in den Händen des Eigenthümers oder dessen, dem er ihn verliehen hat, befindet, mit denen, wo der Nichtberechtigte den Besitz hat, und man wird nicht daran zweifeln, daß letztere jenen gegenüber die verschwindenden Ausnahmen bilden. Und von ihnen kommen wiederum für die Statistik der Besitzprocesse die meisten, nämlich die, welche bewegliche Sachen betreffen, in Abzug, denn bei ihnen ersetzen regelmäßig die Deliktsklagen die Besitzklagen. Bleiben somit im Ganzen und Großen nur die unbeweglichen Sachen[65]). Nun frage man sich, wie viele davon statt in den Händen des Berechtigten in denen eines Nichtberechtigten sich befinden mögen; ich glaube nicht ein Procent, vielleicht nicht $1/_{10}$ Procent. Ist dies aber richtig, so sage ich: der oben entwickelten Auffassung, der zufolge der Besitzesschutz dem Eigenthümer zugedacht ist, entspricht auch der Erfolg; regelmäßig ist es der wirklich Berechtigte, der sich des Besitzesschutzes bedient. Insofern ist mithin die Ansicht, welche den Besitz (ich wiederhole die obige Beschränkung: soweit er für die Besitzesklagen relevant wird) als präsumtives Eigenthum bezeichnet, vollkommen zutreffend; das Mangelhafte dieser Ansicht besteht nur darin, daß sie, anstatt dieses statistische Moment zur Unterstützung anzuführen, in ihm den eigentlichen Grund erblickt.

Ich will jetzt das Resultat meiner bisherigen Ausführungen in einer Weise zusammenfassen, die Jedem, der meine Ansicht prüfen oder widerlegen will, die Aufgabe wesentlich erleichtern wird, nämlich in Form von Thesen. Ich stelle folgende Thesen auf:

1. Daß Diebe und Räuber Schutz im ungestörten Genuß des unrechtmäßigen Guts verdienen, entspricht weder der Rechtsidee, noch dem römischen Recht. Der Staat mag allen Grund haben, Gewaltthätigkeiten zu verbieten, daraus aber

---

65) Die Glosse war sogar der Ansicht, daß nur unbewegliche Sachen eigentlich besessen werden könnten, Savigny a. a. O. S. 105, wozu allerdings der römische Sprachgebrauch von possessiones im Sinn von Grundstücken, und wie Savigny S. 99 meint, auch die Legaletymologie von possidere beigetragen haben mag.

folgt durchaus noch kein Rechtsanspruch jener Personen gegen diejenigen, welche dies Verbot übertreten haben, die Uebertretung ließe sich eben so gut bloß polizeilich oder criminell ahnden[66]); aus einer Uebertretung der Feuer- und Lichtordnung gewinnt der dadurch bedrohte Nachbar keine Klage.

2. Wenn diese Personen gleichwohl der Besitzesschutzes theilhaftig werden, so liegt der Grund nicht in ihnen, sondern in etwas anderm.

3. Das Eigenthum, auf sich selber, d. h. auf den strengen Eigenthumsbeweis gestellt, wäre das unvollkommenste, unbeholfenste Institut von der Welt. Nach Verschiedenheit der Verhältnisse bedarf es und giebt es eine Abstufung innerhalb des Eigenthumsbeweises:

1. Beweis einer in der Vergangenheit liegenden Erwerbungsart des Eigenthums,
   a) der äußern und innern Voraussetzungen: **reivindicatio, negatoria.**
   b) bloß der äußeren: **publiciana actio.**
2. Beweis des thatsächlichen Bestehens des Eigenthums in der Gegenwart, d. i. des Besitzes, und zwar entweder
   a) mit Vorbehalt des Gegenbeweises eines fremden Eigenthums als Einrede des mangelnden Interesses: **cond. furtiva** und **act. leg. Aquiliae**; oder
   b) ohne diesen Vorbehalt: Besitzklagen.

4. Die Erleichterung des Beweises bei dem Besitzesschutz ist berechnet für den Eigenthümer.

---

66) Ein Beispiel bietet die l. Cod. per vim (8. 5), welche den Richter anweist, von Amtswegen sich des Besitzes abwesender Personen anzunehmen (judices absentium qui cujuslibel rei possessione privati sunt, suscipiant in jure personas).

5. Regelmäßig kommt sie nur ihm zu gute.

6. Der Rechtfertigungsgrund für diese Erleichterung liegt in dem widerrechtlichen Verhalten des Beklagten.

7. Der Zweck dieser Erleichterung würde vereitelt durch Hineinziehen der Rechtsfrage.

8. Eine Folge davon ist, daß auch der unrechtmäßige Besitzer am Besitzesschutz participirt.

9. Der richtige Ausdruck für die praktische Bedeutung des Besitzes ist daher der einer Eigenthumsposition.

Ich werde nunmehr den Versuch machen, meine Ansicht aus den Quellen zu beweisen, und zwar soll dies in doppelter Richtung geschehen, zuerst nämlich in Bezug auf die Schutzmittel des Besitzes, sodann in Bezug auf die materielle Gestaltung desselben.

VII.

Die Schutzmittel des Besitzes.

1. Die interd. retinendae possessionis.

Die früheste Veranlassung, bei der im römischen Recht der Besitz als Gegenstand richterlicher Verfügung erscheint, ist die Vindicienertheilung im alten Vindicationsproceß. Der Prätor ertheilte einer der beiden Partheien die Vindicien d. h. er überwies ihr für die Dauer des Processes den Besitz. Diese Maßregel konnte denkbarerweise einen doppelten Sinn haben, nämlich entweder den, daß sie dem Besitzer bloß die factischen Vortheile des Besitzes, d. h. den Genuß der Sache, oder den, daß sie ihm auch die rechtlichen Vortheile des Besitzes d. h. die Befreiung von der Beweislast zuwenden sollte. Für letztere Ansicht hat sich noch in jüngster Zeit eine gewichtige

Autorität ausgesprochen [67]), ich kann mich ihr jedoch nicht anschließen. Nach der Art, wie Gajus sich ausdrückt, hatte der Prätor in der Ertheilung der Vindicien freie Hand [68]); er durfte also, wenn es ihm gut schien, auch dem Nichtbesitzer den Besitz zusprechen. Welchen bedenklichen Einfluß auf die definitive Entscheidung des Processes hätte er aber damit ausüben können, wenn er dadurch den Kläger von der Beweislast befreit hätte; in wie vielen Fällen entscheidet die Beweislast über das Recht! Bei jener Ansicht ist nicht berücksichtigt, daß der ältere Vindicationsproceß ein **judicium duplex** war, bei dem beide Partheien als Vindicanten auftraten (**vindicatio** und **contravindicatio**), mithin in gleichem Maße beweispflichtig waren und wo folglich nicht der absolute Beweis des Eigenthums, sondern das relative Uebergewicht der von beiden Seiten vorgebrachten Beweisgründe den Ausschlag gab [69]).

Fragen wir nun, was sich dieser Einrichtung für unsern Zweck entnehmen läßt, so ist es ein Doppeltes. Zuerst nämlich die interessante Thatsache, daß der Besitz bei seinem ersten

---

67) von Bethmann-Hollweg, Der Civilprozeß des gemeinen Rechts Bd. 1 Abth. 1 S. 144.

68) Gaj. IV, 16 secundum alterum eorum vindicias dicebat i. e. aliquem possessorem constituebat. Ueber die Rücksichten, durch welche der Prätor sich dabei leiten lassen mochte, s. eine Vermuthung in meinem Geiste des R. R. III. S. 99.

69) S. meine Ausführungen a. a. O. S. 90 fl. Es war dasselbe Verhältniß, wie im altenglischen Eigenthumsprozeß, wo die den Geschwornen vorgelegte Frage nicht darauf lautete, ob Kläger Eigenthum habe, sondern: utrum A vel B majus jus habeat in terra illa, Gneist, Selfgovernment S. 80. Ein Beispiel aus späterer Zeit, das an das salomonische Urtheil erinnert, s. bei Sueton. Galba c. 7: cum de proprietate jumenti quaeretur levibus utrimque argumentis et testibus ideoque difficili conjectura veritatis ita decrevit, ut ad lacum, ubi adaquari solebat, capite involuto atque ibidem revelato ejus esset, ad quem sponte se a potu recepisset.

Auftreten in der Geschichte des römischen Rechts in engster Verbindung mit dem Eigenthum und dem Eigenthumsstreit erscheint. Das Possessorium, um in heutiger Sprache zu reden, bildet hier ein integrirendes Moment des Petitoriums; daß dasselbe unabhängig von letzterem hätte vorkommen können, ist unglaublich, denn die einzige Form, in der wir es kennen: Vindicienertheilung, war nur denkbar im Eigenthumsproceß, die **interdicta retinendae possessionis** aber, welche diese Form im späteren Proceß ersetzen und verdrängen, können unmöglich bereits neben ihr existirt haben — eine solche Cumulation zweier demselben Zweck dienstbarer Rechtsmittel für die älteste Zeit hat alle historische Analogie gegen sich. Die zweite Beobachtung, die sich uns bei Betrachtung jener Einrichtung aufdrängt, besteht in der Unabhängigkeit der Besitzesfrage von der Gewalt. Allerdings spricht der die Vindication eröffnende Scheinkampf scheinbar für das Gegentheil, allein auch nur scheinbar. Wie wenig nämlich sich die Vindicienertheilung unter den Gesichtspunkt bringen läßt, daß der Prätor mittelst derselben den Besitzer gegen die Störung von Seiten des Nichtbesitzers schütze, erhellt zur Genüge daraus, daß, wie oben bemerkt, der Prätor dem bisherigen Nichtbesitzer, also dem, von dem die Störung ausgegangen war, die Vindicien ertheilen konnte. Jener Scheinkampf hatte lediglich eine symbolische Bedeutung, er documentirte, wie es eben der Weise des älteren Rechts entsprach, durch Handlungen statt durch Worte die Thatsache der gegenseitigen Bestreitung des Eigenthums. Wenn also der Prätor der einen Parthei den Besitz zusprach, so geschah es nicht darum, weil sie im Besitz gestört war, und nicht weil damals bereits der Anspruch des Besitzers als solchen auf obrigkeitlichen Schutz anerkannt gewesen wäre, sondern gerade umgekehrt, weil er *nicht* anerkannt war und es darum eben für die Dauer des Processes einer interimistischen Regulirung der Besitzesfrage bedurfte. In gewissem Sinne kann man also sagen, daß im älteren Recht der Begriff des Besitzes überall noch nicht existirte, denn er existirt nicht, wo nicht der Besitzer als solcher Schutz und Anerkennung findet. Es wäre müssig, zu fragen, ob man nicht schon in ältester Zeit auf denjenigen, der die Vindicien erhalten hatte, den Namen possessor angewandt habe. Daß man in ihm in Wirklichkeit etwas Anderes sah, als die spätere Zeit in ihrem possessor, nämlich nicht den bloßen thatsächlichen Inhaber, sondern den einstweiligen Eigenthümer, dafür nehme ich, wenn man das Zeugniß, das Livius uns über den ältesten Vindicationsproceß aufbewahrt hat, nicht gelten lassen will [70]), auf eins aus späterer Zeit Bezug, das trotz der scharfen Scheidung, die inzwischen rücksichtlich der Begriffe des Eigenthums und Besitzes erfolgt war, denselben Ausdruck auf das entsprechende Verhältniß des neuern Processes anwendet. Ein Rescript von Antoninus Pius bezeichnet den Besitzer der Erbschaft, welcher dem Kläger die (an die Stelle der praedes litis ac vindiciarum des ältesten Vindicationsprocesses getretene) Caution bestellt hat, als interimistischen Eigenthümer (interim domini loco habetur) und knüpft daran die praktische Consequenz, daß die erbschaftlichen Sklaven nicht gegen ihn der Tortur unterworfen werden dürfen — eine Bestimmung, die Callistratus dem wir diese Notiz verdanken, unter Benutzung desselben Ausdrucks auch auf den Fall der Vindication eines Sklaven anwendet [71]).

Interimistisches Eigenthum also war der ursprüng-

70) Liv. III, 44: interim dominum sequi ancillam aequum esse.

71) L. 15 § 2 de quaest. (48. 18).

liche Sinn der Vindicienertheilung, nicht die Zuweisung des nackten Besitzes im Sinn der heutigen Besitztheorie, und erst damit gewinnt der Streit um die Vindicien sein volles Verständniß. Der Vindicationsproceß bewegt sich über das Eigenthum nicht hinaus, aber der Maßstab, mit dem der Prätor bei Beginn desselben letzteres mißt, ist ein anderer, als der, den später der Richter anlegt; es ist der für den Zweck einer provisorischen Verfügung ausreichende Primafacie-Beweis gegenüber dem zum Zweck der definitiven Entscheidung nöthigen erschöpfenden. So erscheint denn in der That der Besitz im ältesten Recht als das, was er unserer Theorie nach sein soll: als Eigenthumsposition.

Wenden wir uns nunmehr dem neueren Rechte zu, so liegt das historische Successionsverhältniß, in dem die **interd. retinendae possessionis** zu den Vindicien stehen, zu offen auf der Hand, als daß es sich der Beobachtung hätte entziehen können [72]. Nach den übereinstimmenden Zeugnissen unserer Quellen (s. u.) sind diese Interdicte desselben Zwecks halber eingeführt, dem im ältesten Proceß die Vindicien dienten, nämlich für den Eigenthumsprozeß das interimistische Besitzverhältniß zu reguliren. Aber es ist nicht bloß eine Aenderung in der Form, sondern eine wesentliche sachliche Umgestaltung, die sich damit vollzogen hat, und zwar eine dreifache. Erstens nämlich ist die Besitzfrage aus einem Gegenstande des discretionären Ermessens des Prätors eine Sache geregelter richterlicher Entscheidung geworden, der Besitz wird nicht mehr verliehen, sondern er wird untersucht, d. h. er hat sich zu einem selbständigen, vom

72) Ueberraschend ist es mir gewesen, diese Ansicht im Anschluß an eine ganz beachtenswerthe Darstellung der Vindicien bereits bei einem Schriftsteller zu finden, bei dem ich sie nicht gesucht haben würde, nämlich bei Schilter, Praxis jur. Rom. Exerc. 16 § 10.

Eigenthum unabhängigen Verhältniß gestaltet. Eng damit zusammen hängt zweitens der Einfluß, den der Besitz im neueren Vindicationsproceß ausübt und bei seiner nunmehrigen Behandlung ausüben konnte, nämlich die Befreiung des Besitzers von der Beweislast — eine Maßregel, die sich formell auf das Wegfallen der **contravindicatio** und die damit ausgesprochene Verwandlung des **judicium duplex** in ein **judicium simplex** stützte. Die dritte nicht minder wesentliche Aenderung bestand in der Ablösung des Possessoriums vom Petitorium. Während die Vindicien nur bei Gelegenheit des Vindicationsprocesses vorkommen konnten, verhält sich dies bei jenen Interdicten anders. In ähnlicher Weise, wie im Mittelalter das **Summariissimum**, welches anfänglich eine Incidentverfügung des **Ordinarium** gewesen war .(**portio interdicti uti possidetis**), sich von letzterem ablöste und sich zum Range eines selbstständigen Rechtsmittels erhob, riß sich mittelst jener Interdicte die Besitzfrage vom Eigenthumsproceß los. Die Idee eines dem Besitz nöthigen Schutzes gegen frivole Störungen ist dabei schwerlich die maßgebende gewesen, denn für vergangene Störungen gewähren sie keinen Ersatz, dazu dienen andere Rechtsmittel, z. B. das **interdictum quod vi aut clam**, die **act. injuriarum**, **act. leg. Aquiliae**, sondern es ergab sich dies in meinen Augen daraus, daß es dem Eigenthümer nicht verwehrt werden konnte, sich des durchgreifenderen Schutzes der **reivindicatio** und **negatoria** zu enthalten, wenn das minder durchgreifende der Besitzrechtsmittel bereits seinen Zweck erfüllt hatte. Damit war freilich die Möglichkeit gegeben, daß auch ein Besitzer, der sich keinerlei Eigenthumsansprüche berühmte, mit vollem Erfolg die Interdicte anstellen konnte; der Besitz war principiell vom Eigenthumsstreit emancipirt, so oft er auch thatsächlich noch in Verbindung mit letzterem vorkommen mochte.

Diese letztere Situation des Besitzes, welche uns den bloßen Besitzer als solchen: den eigenmächtigen Occupanten, den Dieb und Räuber als möglichen Sieger dem Eigenthümer gegenüber vor Augen führt, enthält, wie oben (S. 53) bemerkt, das eigentliche Räthsel des Besitzes, mit ihr sind wir bei dem Kreuzwege angelangt, wo der Entschluß, welchen Weg wir einschlagen wollen, für den ganzen Verlauf der Untersuchung entscheidend wird. Ist jene Situation der Normalfall des Besitzes, ist es Zweck jener Interdicte gewesen, diese Personen in gleicher Weise des Schutzes für würdig zu erklären, wie den Eigenthümer, oder ist der Besitzschutz berechnet auf den Eigenthümer, die Erstreckung desselben auf die genannten Personen aber nur eine unvermeidliche Consequenz, haben wir uns also als Normalfall und Motiv jener Interdicte den Eigenthümer zu denken?

Hören wir, was das römische Recht auf unsere Frage erwidert.

1. Das historische Motiv der Einführung jener Interdicte wird in das Interesse der Besitzregulirung beim Eigenthumsstreit gesetzt.

Angesichts der unzweideutigen, wiederholten Nachrichten unserer Quellen, welche dies bezeugen [73]), kann jeder Versuch, für die Einführung jener Interdicte einen andern Ausgangspunkt zu gewinnen, auf sich beruhen bleiben [74]). Nicht der Gedanke, daß auch geraubtes und gestohlenes Gut unter den

---

73) Gaj. IV. § 148, Ulpian, in L. 1 § 3 uti poss. (43. 17). § 4 J. de interd. (4. 15), Theophilus ibid.

74) Bis auf Savigny hat man auch meines Wissens diesen Versuch nicht gemacht, s. z. B. die Glosse und die Institutionencommentare von Jan. a Costa, Vinnius, Otto zu der citirten Institutionenstelle; gegen den Versuch von Savigny s. v. Vangerow, Pandekten § 336 Anm. 1.

Schutz des Rechts gestellt zu werden verdiene, hat diesen Interdicten das Leben gegeben, sondern die schon in den Vindicien des ältesten Processes verwirklichte Idee einer provisorischen Regulirung des Eigenthumsverhältnisses, sie erfassen also den Besitz in der That unter dem von mir aufgestellten Gesichtspunkt: dem eines Vorwerks des Eigenthums, einer Eigenthumsposition.

2. Diese Beziehung desselben zum Eigenthumsstreit kehrt bis in's neueste römische Recht hinab stets wieder.

In unsern Quellen ist von ihnen kaum die Rede, daß nicht dabei zugleich des Streits über das Eigenthum gedacht würde [75]). Außer den Stellen in der Note vergleiche man

l. 35 de poss. (41. 2). Exitus controversiae possessionis hic est tantum, ut prius pronunciet judex, uter possideat..... et tunc de domino quaeratur.

l. un. Cod. uti poss. (8.6)... de proprietate cognoscet.

l. 1 Cod. de interd. (8. 1)... orta proprietatis et possessionis lite prius possessionis decidi oportere quaestionem competentibus actionibus, ut ex hoc ordine facto de dominii disceptatione probationes ab eo qui de possessione victus est, exigantur.

l. 13 Cod. de reiv. (3. 32): Ordinarii juris est ut mancipiorum orta quaestione prius exhibitis mancipiis de possessione judicetur ac tunc de-

75) So auch beim Freiheitsprozeß: die „pronuntiatio" über das Besitzverhältniß, d. h. ob der angebliche Sklave in possessione libertatis oder servitutis war, ist der erste Akt im judicium liberale, l. 7 § 5 de lib. causa (40. 12).

mum proprietatis causa ab eodem judice decidatur.

l. 1 Cod. si de mom. poss. (7. 69).. ita possessionis reformationem fieri oportet, ut integra omnis proprietatis causa servetur.

l. un. Cod. Theod. Utrubi (4. 23).. bonae fidei possessori primum oportet et celeri reformatione succurri, tunc causam originis (colonorum) et proprietatis agitari (im Cod. Just. die l. 14 de agric. 11. 47).

Ja, selbst in den Basiliken (50, 3, 72) wird das interd. uti poss. in ausschließliche Beziehung zur Vindication gesetzt:

Quando de possessione movetur actio uti possidetis, is vincit, qui nec vi nec clam nec precario possidet; et deinde aut satisdat et suscipit reivindicationem aut non satisdat et possessio ad alterum transfertur.

Dem Possessorium als erstem Schritt schließt sich hiernach als zweiter („deinde"), also als selbstverständliche Folge das Petitorium an.

Diese Ideenassociation zwischen Besitz und Eigenthum oder Possessorium und Petitorium wiederholt sich auch in entgegengesetzter Weise, d. h. wie in jenen Stellen ersteres auf letzteres führt, so giebt umgekehrt letzteres Veranlassung, des ersteren zu gedenken, man sehe z. B. l. 24 de R. V. (6. 1):

Is qui destinavit rem petere; aut animadvertere debet an aliquo interdicto possit nancisci possessionem. l. 3 Cod. Theod. unde vi (4. 22) i. f., l. 3 Cod. fin. reg. (3. 39).

3. Das Possessorium und Petitorium werden als Stücke eines und desselben Rechtsstreits bezeichnet, ersteres als Präparation des letzteren als der causa principalis.

Die l. 3 Cod. Theod. de judic. (2. 18) (etwas verändert in l. 10 Cod. Just. de judic. 3. 1) enthält ein Edict von Constantin, in dem er verbietet, das Possessorium und Petitorium an zwei verschiedene Richter zu bringen, und selbst die Nachsuchung einer kaiserlichen Dispensation davon mit Strafe bedroht. Das Interessante dieser Constitution für unsern Zweck liegt in der Art, wie sie sich über das Verhältniß des Possessoriums zum Petitorium äußert. Beide werden als ein zusammengehöriges Ganze bezeichnet („qui causae continentiam dividit"), das in uno eodemque judicio poterat terminari", und dem Streit „super possessione" wird der „super principali quaestione" entgegengesetzt [76]).

In der l. 1 § 45 de aqua quotid. (43. 20) stellt Ulpian ein durch den Nachweis des Rechtes bedingtes Interdict dem possessorischen wegen der Wassergerechtigkeiten entgegen und bemerkt von ersterem:

> in hoc interdicto totam quaestionem finiri assignationis, non enim praeparat hoc interdictum causam ut superiora interdicta, nec ad possessionem temporariam pertinet, sed aut habet jus adsignatum sibi aut non habet et interdictum totum finitur.

Die possessorischen Interdicte also, sagt er, die sich lediglich auf das vorübergehende Besitzverhältniß beziehen („ad possessionem temporariam pertinent"), erledigen nicht das Streitverhältniß selber, wie das in Rede stehende es thut, sondern sie bereiten

76) Anderwärts causa principalis l. 1 Cod. Theod. unde vi (4. 22) negotium principale, l. 3 Cod. Theod. ad leg. Jul. de vi (9. 10). Symmachus Ep. X, 41 de possessione ... judicari, principalem vero causam .... reservari.

bloß die endliche, definitive Entscheidung desselben vor (praeparant causam).

So konnte denn auch die l. 5 Cod. de poss. (7. 32) für den dem Imploranten in Aussicht gestellten Besitzesschutz den Ausdruck gebrauchen: „Praeses dominii tui jus convelli non sinet." Der Besitzesschutz gehört zum „jus dominii", eine Entziehung desselben würde den Eigenthumsschutz beeinträchtigen: „jus dominii convellere."

4. Das natürliche, normale Verhältniß bei den possessorischen Interdicten ist, daß der Eigenthümer sie anstellt.

Mit dürren Worten hat das freilich kein römischer Jurist gesagt, aber man prüfe unbefangen die

> l. 8 de vi (43. 16) von Paulus: Fulcinius dicebat vi possideri, quotiens vel non dominus, cum tamen possideret, vi dejectus est.

ob es in ihr nicht liegt.

Eine gewaltsame Besitzergreifung, sagt der Jurist, ist selbst dann vorhanden, wenn ein Nichteigenthümer, der aber besaß, dejicirt ist. Wenn er es für nöthig hält, dies rücksichtlich des Nichteigenthümers als etwas Besonderes hervorzuheben, so drückt er damit, wie ich meine, deutlich genug aus, daß er sich als den, für den das Interdict eigentlich bestimmt ist, und der regelmäßig den Besitz hat, den Eigenthümer denkt, wie denn in der That der letztere Ausdruck abwechselnd mit Besitzer gebraucht wird, z. B. l. 12 ibid.

Dieselbe Vorstellung wiederholt sich auch bei dem interdictum de precario. Auch bei ihm bedienen sich die römischen Juristen zur Bezeichnung des Klägers des Ausdrucks: dominus, s. z. B. l. 4 § 4. l. 6 pr. l. 12 pr. de precario (43. 26) und zur Bezeichnung des Objects des Eigenthumsprädikats, l. 15 pr. nostro utatur, l. 3 per fundum meum, l. 18 ibid. rem suam. Auch bei ihm hält es ein Jurist für der Mühe werth, dieselbe Bemerkung zu machen, wie oben beim interd. unde vi. Sed et si eam rem, sagt Venulejus in l. 7 ibid., cujus possessionem per interdictum uti possidetis retinere possim, quamvis futurum esset, ut tenear de proprietate, precario tibi concesserim, teneberis hoc interdicto. Der Vertrag, daß das Precarium bis zu einer gewissen Zeit nicht gekündigt werden könne, ist unwirksam; nulla vis est hujus conventionis, ut rem alienam invito domino possidere liceat, l. 12 pr. ibid. Eigenthum in der Person des Empfängers schließt die Gültigkeit des Precariums aus l. 4 § 3 ibid.; dem Bedenken, daß der Verpfänder sich vom Pfandgläubiger den Besitz precario zurückgeben lassen könne, begegnet Ulpian in l. 6 §. 4 ibid. damit, daß es sich dabei um ein precarium possessionis, non proprietatis handle — ein Gesichtspunkt, auf den ich unten zurückkommen werde.

Die obige Vorstellung, daß der Besitzer regelmäßig Eigenthümer sei, über deren relative Wahrheit wir uns bereits oben (S. 55) ausgesprochen haben, hat einen gesetzlichen Ausdruck gefunden:

5. in der Bestimmung des römischen Rechts, der zufolge die possessores, d. h. die Besitzer von Ländereien innerhalb der Gemarkung, von prozessualischen Cautionen frei sein sollen [77].

Unter den possessores sind hier nicht die wirklichen Eigenthümer gemeint, wie Savigny a. a. O. annimmt [78]), sondern die Besitzer als solche, weil und insofern sie sich als

---

77) l. 15 qui satisd. (2. 8).

78) Denn in der Erklärung des Ausdrucks in §. 1 der citirten Stelle giebt der Jurist ihn nicht durch dominus wieder, sondern er behält den Ausdruck possidere bei: qui rem soli possidet.

Eigenthümer geriren und muthmaßlich es sind [79]). Daran schließt sich

6. der Sprachgebrauch des gewöhnlichen Lebens, welcher **possessor** für **dominus**, **possessio** für (Grund-) Eigenthum nimmt.

In dem Besitz gewinnt das Eigenthum sichtbare Gestalt, der Besitz ist das Eigenthum in seiner vollen Wirksamkeit, seiner normalen Gestalt. Kein Wunder, daß der Sprachgebrauch des gewöhnlichen Lebens, der so gern das Sichtbare für das Unsichtbare nimmt, von einem Grundbesitzer und Besitzthum spricht, wo er den Grundeigenthümer und das Eigenthum meint; so bei uns, so bei den Römern [80]). Anders allerdings der Sprachgebrauch des Rechts und des Juristen; allein wo eine genaue Scheidung beider Begriffe nicht geboten ist, spielt jene Vorstellung des gewöhnlichen Lebens, welche in dem Besitzer den Eigenthümer erblickt, auch in das Gebiet des Rechts und der Jurisprudenz hinüber [81]).

Doch wir kehren wieder zu den possessorischen Interdicten zurück.

---

79) Darum gilt der Pfandgläubiger, auch wenn er besitzt, nicht als possessor in diesem Sinn §. 2 ibid.; denn er prätendirt überall nicht Eigenthümer zu sein, „non enim opinione domini possidet" wie es in l. 22 §. 1 de nox. act. (9. 4) von ihm heißt.

80) Savigny a. a. O. S. 104. Interessant ist die Definition von Cornelius Fronto, die er anführt: habere potest etiam fur et nequam, possidet nemo nisi qui ... rei dominus est.

81) Insbesondere in den Constitutionen der Kaiser, s. z. B. l. 12 Cod. de poss. (1. 32) l. 1 Cod. de praesc. (7. 33) l. 2 Cod. de probat. (4. 19) l. 1 Cod. si per vim (8. 5); selbst dominium possessionis kommt vor, l. 2 Cod. Theod. de bon. mat. (8 18). Daß auch die römischen Juristen „possessiones" für Grundstücke, d. h. das Eigenthum daran nehmen, ist bekannt; eine Anwendung s. in l. 78 de V. S. (50. 16).

Ein Verhältniß gab es, wo dieselben ihre Dienste versagten, nämlich beim Erbfall. Da der Besitz des Erblassers mit seinem Tode untergeht, so fällt die Aneignung erbschaftlicher Sachen Seitens dritter unberechtigter Personen nicht unter den Gesichtspunkt einer Besitzentziehung, es können mithin rücksichtlich ihrer die **interdicta retinendae** oder **recuperandae possessionis** nicht Platz greifen.

Hätte nun das römische Recht diese Lücke nicht mittelst der **hereditatis petitio** ausgefüllt, so würde der Erbe der Beweiserleichterung, welche der Besitz dem Eigenthümer gewährt, verlustig gehen und müßte bei der ihm dann allein noch übrig bleibenden **reivind.** oder **Publiciana act.** den strengen Beweis des Eigenthums, bez. der **bonae fidei possessio** seines Erblassers liefern. Gerade der Umstand nun, daß und wie das römische Recht in Form der **her. pet.** die possessorischen Interdicte ersetzt [82]), liefert mir

7. ein neues Argument für die Richtigkeit der von mir vertheidigten Ansicht — die **hered. petitio** übt die Function der possessorischen Klagen aus.

Denn, wie letztere, setzt auch sie den Beweis des thatsächlichen Habens [83]) an die Stelle des Beweises des Rechts. Ist, wie die Willenstheorie behauptet, der Besitz lediglich des Willens wegen geschützt, der sich darin realisirt, beruht der possessorische Schutz lediglich darauf, daß der Wille des Besitzers mißachtet worden ist, wie gelangt denn jenes

---

82) Ich habe diese Idee schon vor Jahren in meiner Inauguraldissertion de hereditate possidente, Berol. 1842 p. 40 gelegentlich ausgesprochen.

83) Freilich nicht bloß des juristischen Besitzes, sondern auch der bloßen Detention, l. 19 pr. de her. pet. (5. 3), was übrigens accessorisch auch noch bei dem interd. unde vi des neuern Rechts möglich ist.

ehemalige, im entscheidenden Moment bereits entseelte, d. h. vom Willen entblößte Haben des Erblassers zu einem Schutz? Man entgegne nicht: es sei kein possessorischer Schutz. Denn der Begriff des letztern bestimmt sich nicht darnach, ob er die uns geläufige Form der possessorischen Interdicte an sich trägt, sondern ob ein thatsächliches Verhältniß ohne Beweis des Rechts anerkannt und geschützt wird.

Unter Lebenden erfordert dies thatsächliche Verhältniß regelmäßig den Willen und heißt Besitz; mit dem Tode fällt der Wille und folgeweise die Möglichkeit einer Statuirung des Besitzbegriffs hinweg, aber damit keineswegs auch das praktische Bedürfniß jenes Schutzes; das Motiv des Besitzesschutzes, d. i. die dem Eigenthümer gegen directe Eingriffe in seine Rechtssphäre zu gewährende Beweiserleichterung behält auch hier seine volle Geltung. Dem Besitz entspricht hier der Zustand des ungestörten Verbleibens der Sache in der Masse [84]). Ich fürchte keinem Mißverständniß ausgesetzt zu sein, wenn ich sage: es fehlt hier zwar der Besitz, aber nicht die Besitzidee. Was dem Besitz seine praktische Bedeutung giebt, ist nicht die subjectiv-psychologische Wirkung, daß der Besitzer sich als Besitzer fühlt und weiß — es ist dies vielmehr nur das regelmäßige Kennzeichen (s. u.) — sondern seine Bedeutung für das Eigenthum: die Usucapion und der Besitzschutz. Beide Wirkungen sind auf das obige Verhältniß übertragen. Die Usucapion läuft fort, und die hered. petitio gewährt den Besitzschutz, Beides, ohne daß Besitz da ist.

---

84) l. 40 §. 1 de poss. (41. 2) ... si nemo extraneus eam rem interim possederit, sed semper in hereditate coloni manserit. In Bezug auf Usucapion (die possessio qualisqualis der l. 88 de acq. her. 29. 2) s. 6 §. 2 pro emt. (41. 4) ... si nemo eum possedisset.

Wird der Pächter bei Lebzeiten des Verpächters dejicirt, so hat letzterer gegen den Dejicienten das interd. unde vi, wird er es nach dem Tode desselben, so hat dessen Erbe die hered. petitio; für beide Klagen reicht der Beweis des Besitzes aus.

Damit ist dem Tode der nachtheilige Einfluß, den er nach der Theorie des Besitzes auf das Eigenthumsrecht, diesen Ausdruck im weitern Sinn genommen, ausüben müßte, entzogen, die Lücke, die der Untergang des Besitzes für das Recht des Erben hervorruft, ausgefüllt, das Motiv des Besitzes repetirt, so zu sagen, außerhalb der Sphäre des Besitzes. Gerade daran aber bewährt sich, was der letzte Grund, die eigentliche vis agens des Besitzes ist: nämlich nicht der Wille, sondern die Unentbehrlichkeit des Besitzes für das Eigenthumsrecht.

Das genannte Verhältniß ist übrigens nicht das einzige, bei dem in dieser Weise der praktische Zweck des Besitzes über die theoretische Formulirung desselben als eines Willensverhältnisses triumphirt. Personen, welche keinen Willen haben, wie Wahnsinnige, Kinder und juristische Personen[85]), können aus diesem Grunde eigentlich auch nicht besitzen. Aber ihnen den Besitz absprechen, hieße ihre Eigenthumsstellung in empfindlichster Weise gefährden, und diese letztere Rücksicht ist so entscheidend, daß das praktische Bedürfniß die theoretischen Bedenken überwindet[86]): die Thatsächlichkeit des Eigenthums (mittelst Ausübung desselben durch ihre Stellvertreter) gilt auch bei jenen

85) Rücksichtlich der letztern s. l. 1 §. 22 de poss. (41. 2) municipes per se nihil possidere possunt, quia uni consentire non possunt, d. h. weil ihnen der Besitzwille fehlt.

86) Sed hoc jure utimur, sagt Ulpian in der l. 2 ibid., ut et possidere et usucapere municipes possint, womit das Verhältniß im Text deutlich ausgedrückt ist.

Personen als **Besitz**, sie usucapiren und haben die Interdicte. Hätte das römische Recht dem Erben mittelst der **hered. petitio** und des Satzes, daß die Usucapion auch während der **hereditas jacens** fortlaufe, nicht schon in anderer Weise geholfen, so würden die römischen Juristen schwerlich davor zurückgebebt sein, wie bei jenen Personen, so auch bei der **hereditas jacens** „**utilitatis causa**" einen Besitz ohne Besitzwillen zuzulassen, — die Usucapion ohne Besitz ist um nichts besser, als possessorische Interdicte ohne Besitz.

Die **hered. pet.** überhob sie dieser Verlegenheit. Dieselbe geht bekanntlich nicht gegen jeden, der Sachen aus der Erbschaft, sondern nur gegen den, der sie **pro herede vel pro possessore** besitzt. Warum nur gegen letztern? Aus demselben Grund, aus dem die possessorischen Interdicte nicht gegen den dritten Besitzer, sondern nur gegen denjenigen gegeben werden, der uns unmittelbar den Besitz entzogen hat, oder uns ihn bestreitet, d. h. die Beweiserleichterung, welche beide Rechtsmittel gleichmäßig dem Kläger gewähren, daß er nämlich nicht den Beweis seines Eigenthums zu erbringen hat, sondern mit dem Beweis der äußern Thatsächlichkeit desselben auskommen kann, bedarf der besonderen Motivirung aus der **Person des Gegners**. Bei der **Besitzverletzung** liegt diese Motivirung in dem von ihm begangenen Unrecht (S. 51), in dem „**vi aut clam**"; diesem Moment entspricht bei der **hered. pet.** der **titulus pro possessore**[87]) — bei einem Besitz**streit** (**controversia de possessione**) darin, daß nur der **Besitz**, nicht das Eigenthum den Gegenstand des Streits bildet. Diesem Fall des **uti pos-**

---

87) In **l. 37 §. 1 de usurp. (41. 3)** wird sogar der Begriff der **vis** darauf angewandt, indem die Möglichkeit der Besitzaneignung eines erbschaftlichen Grundstücks „**sine vi**" auf den Fall: **si dominus sine successore decesserit**" beschränkt wird.

sidetis entspricht die hered. pet. gegen den **pro herede** possidens. Es hätte keinen Sinn, dem Kläger diesem Beklagten gegenüber den Beweis des Eigenthums des Erblassers aufzubürden, denn nicht darum dreht sich ihr Streit, wer das Eigenthum, sondern wer als Erbe den Besitz beanspruchen kann. Gegen denjenigen dagegen, welcher weder pro herede, noch pro possessore besitzt, ist die hereditatis petitio ebensowenig am Platz, wie die possessorischen Interdicte gegen die dritten Besitzer unserer Sachen, ihnen gegenüber bedarf es der reivind. oder der Publiciana.

So übt also die hered. pet. in der That die Function der possessorischen Rechtsmittel aus. Daß sie ausschließlich diesem Zweck diene, habe ich damit nicht behaupten wollen; genug, daß sie auch ihn verfolgt. Daß sie selbst dabei über die Voraussetzung des juristischen Besitzes hinausgeht, ist bereits früher (Note 83) bemerkt. Das thatsächliche Haben, welches bei den possessorischen Interdicten zu dem Begriff des juristischen Besitzes verengt ist, erhält bei der her. petitio dieselbe Ausdehnung, wie bei den auf Rückgabe entzogener Sachen gerichteten Delictsklagen [88]); es erstreckt sich auf alle zur Masse gehörigen Sachen, also auch auf die, welche der Erblasser bloß detinirte, soweit sich daran für den Erben ein Interesse knüpft [89]). Eine andere Erweiterung den possessorischen Interdicten der klassischen Zeit gegenüber liegt in der weiten Ausdehnung des titulus pro possessore [90]); ich werde

88) Non utique spectamus rem in bonis actoris esse ... si tamen ex bonis sit .. si ex bonis hoc est ex substantia mea res ablata esse proponatur l. 2 § 22 Vi bon. (47. 8).

89) l. 19 pr. de her. pet. (5. 3) .. quorum tamen periculum ad heredem pertinet.

90) l. 13 §. 1. l. 16 §. 4 u. a. de her. pet. (5. 3) l. 14 § 2 quod met. (4. 2). In der letztern Stelle wird dem Erben die her.

bei Gelegenheit des int. unde vi (VIII) den Nachweis liefern, daß die spätere Kaiserzeit dem recuperatorischen Besitzesschutz dieselbe Ausdehnung gegeben hat.

So viel zur Begründung meiner Ansicht über die Bedeutung der possessorischen Klagen. Wenn ich sie als die meinige bezeichne, so weiß ich kaum, ob man mir dazu das Recht einräumen wird. Denn so sehr auch Savigny und diejenigen, welche ihm darin gefolgt sind, den Zusammenhang der Besitzrechtsmittel mit dem Eigenthum aus den Augen verloren haben, so hat es doch weder in älterer, noch neuerer Zeit an solchen gefehlt, welche denselben betont haben. Angesichts der unzweideutigen Aeußerungen unserer Quellen ist die Beziehung der interd. retinendae possess. zum Eigenthumsstreit bis auf Savigny meines Wissens nie bezweifelt worden[91]), ja in der Praxis ging man sogar noch einen Schritt über die Quellen hinaus. Geleitet von der Idee, daß das Possessorium und Petitorium im Grunde nur Phasen eines und desselben Eigenthumsprocesses seien[92]), und darum ersterem, wo es isolirt geltend gemacht werden sollte, entschieden abgeneigt[93]), lehrten manche ältere Praktiker, daß der Richter

---

pet. sogar gegen denjenigen gegeben, der den Erblasser gewaltsam des Besitzes beraubt hatte.

91) Man vergleiche z. B. die älteren Exegeten zu § 4 J. de interd. (4. 15).

92) Daher die Regel: finis possessorii est principium petitorii s. z. B. Gaill. Obs. pract. I. 7 §. 3; 32 § 11, der seinerseits auf frühere Juristen Bezug nimmt.

93) So Schilter, Praxis jur. Rom. Indem er die durch die Einführung der interd. retin. poss. ermöglichte Unabhängigkeit des Possessorium vom Petitorium als eine vom Prätor selber nicht beabsichtigte, sondern erst später aufgekommene Neuerung und als eine entschiedene Verschlechterung des älteren Rechts bezeichnet, welches en Vindicienproceß nur als integrirenden Theil der reivind. gekannt

in possessorio, wenn das Eigenthum sofort liquid sei, im Interesse der Abkürzung des Streits nicht possessorisch, sondern petitorisch erkennen solle [94]) eine Ansicht, die auch noch in unserm Jahrhundert einzelne Vertreter gefunden hat [95]), im Ganzen und Großen aber dem bestimmenden Einfluß, den die Savigny'sche Schrift über den Besitz auf Theorie und Praxis ausgeübt hat, erlegen ist. Daß Savigny seinerseits nach der andern Seite zu weit gegangen ist, indem er seinem Gesichtspunkt von dem delictsartigen Charakter der Interdicte zu Liebe den quellenmäßigen Ausgangspunkt für die interd.

---

habe (Exerc. 16 §. 10), warnt er den Richter, zu willfährig in Zulassung von Possessorien zu sein und ermahnt ihn, den Streit „et quoad possessionem et proprietatem eodem judicio compendiose terminare." Er beruft sich sogar auf einen Schriftsteller „qui pie monuit, remedia possessoria in conscientia valde esse periculosa; nam nullo modo posse quem sine periculo animae possessorio remedio agere, etiamsi in eo bonum faveat jus nisi etiamsi in judicio proprietatis res ad eum pertineat, et aliter agendo scienter mortaliter peccari et ad omnes expensas damna et interesse parti victae teneri" (Exerc. 13 § 12).

94) z. B. Perez Prael. ad Cod. lib. 8 tit. 6 §. 20. Lauterbach, Coll. theor. pract. 43, 17 §. 13 und die daselbst Citirten. Mevii Decis. pars VII dec. 248: Notorium dominium facit cessare interdictum uti possidetis et defensionem possessionis. Leyser ad Pand. Spec. 468 med. 31 unter Bezugnahme auf ein Urtheil der Helmstädter Juristenfacultät; die entgegengesetzte Ansicht bezeichnet er als einen vetus ac pervulgatus error, qui in jure fundamentum non habet, sed etiam rationi juris et aequitati adversatur." Pufendorf Obs. II Nr. 113 unter Bezugnahme auf ein Urtheil des Oberappellationsgerichts zu Celle und Geltendmachung des Gesichtspunktes: „cum judicia possessoria praeparandi inprimis petitorii gratia inventa sint, qua praeparatione in petitorio manifesto non amplius indigemus".

95) S. dieselben bei Schmid, Handb. des gemeinen Civilprocesses III. S. 84, außerdem Thibaut, Pandekten § 210 nebst den dort Genannten, und Stahl, Rechtsphil. II. Abth. 1 S. 308 (Aufl. 2).

ret. poss. verschmähte und auch ihre Function bei der reivindicatio unter den Delictsgesichtspunkt zu zwängen suchte, dürfte nach den Ausführungen neuerer Schriftsteller[96]) kaum noch in Zweifel gezogen werden. Das interd. uti possidetis ist in meinen Augen der Prüfstein einer jeden Besitztheorie. Wer sich genöthigt sieht, das Erforderniß der Gewalt, das die Quellen für dasselbe nirgends aufstellen, künstlich in dasselbe hineinzutragen, hat damit in meinen Augen schon bekundet, daß seine Theorie dem römischen Recht nicht entspricht. Schwerer wiegt, daß eine solche Theorie auch dem praktischen Bedürfniß nicht gerecht wird, denn letzteres erfordert einmal unweigerlich die Eröffnung des Rechtsweges über die controversia de possessione, die Möglichkeit, das zwischen zwei Parteien streitige, aber von keiner derselben thatsächlich gestörte Besitzverhältniß zur richterlichen Entscheidung zu bringen, kurz, eine Präjudicialklage über den Besitz. Man braucht die Fälle nicht erst mühsam zusammenzusuchen, wo das Bedürfniß dieser Klage unabweisbar ist, sie bieten sich in Menge dar[97]), und wenn auch bei einigen derselben sich zur Noth der Gesichtspunkt einer thatsächlichen Vorenthaltung des Besitzes hineintragen ließe, so spotten doch andere aller solcher Künsteleien.

---

96) S. vor Allen von Vangerow, Pandekten §. 336 Anm. 1 und Herm. Witte, Das Interd. nti poss. S. 28 fl.

97) Auch in den Quellen, man sehe z. B. die Zusammenstellung der Stellen bei Wiederhold, Das interd. uli poss. S. 18, die sich noch durch manche vermehren ließen, z. B. l. 33, 34 pr. de poss. (41. 2), l. 2 Cod. ibid. (7. 32) verb. si sciente l. 21 de usuc. (41. 3). Ein Beispiel aus der neueren Praxis s. bei Seuffert, Archiv XVII Nr. 45, wo mehrere Gemeindemitglieder gegen einen von der Curatelbehörde der Gemeinde gefaßten Beschluß mit Erfolg possessorischen Schutz nachsuchten (O.-A.-Gericht in München). Ein ähnliches Beispiel VIII, 221, wo jedoch der possessorische Schutz, meines Erachtens mit Unrecht, versagt ward (Obertribunal in Stuttgart).

Man nehme z. B. den Fall der l. 38 § 1 de poss. (41. 2). Der Besitz ist unter einer Bedingung tradirt, der Tradent behauptet, die Bedingung sei nicht, der Empfänger, sie sei in Erfüllung gegangen, letzterer will, um zu wissen, woran er ist, das interd. uti possidetis anstellen. Ich möchte wissen, wie man es ihm nach Maßgabe unserer Quellen absprechen könnte; die Voraussetzung der l. 1 § 3 uti poss. (43. 17): si inter ipsos contendatur, uter possideat, quia alteruter se magis possidere affirmat liegt unzweifelhaft vor. Wo ist hier die Gewalt oder die thatsächliche Störung von der anderen Seite? Oder zwei Personen streiten sich über den Besitz einer in der Detention eines Dritten befindlichen Sache. Letzterer (nehmen wir z. B. den Erben des ursprünglichen Detentors, der nur so viel weiß, daß sein Erblasser für einen von beiden den Besitz ausübte, aber nicht für wen) ist bereit, sie dem, der sich als Besitzer legitimirt, herauszugeben. Ihm kann man nicht zumuthen, auf die Gefahr hin, dem einen gegenüber zu unterliegen und die Proceßkosten zu zahlen, mit beiden zu processiren. Was bleibt also übrig, als die beiden Theile den Streit unter sich ausmachen zu lassen, und welche andere Form dafür giebt es als das uti possidetis oder utrubi? Wo ist hier die thatsächliche Störung des Besitzes, wenn keiner den Detentor beunruhigt? Oder liegt dieselbe etwa in der bloßen Erhebung des Besitzanspruchs, welche den Gegner in der Realisirung des seinigen behindert? Wenn das der Fall sein soll, so reducirt sich das Erforderniß der Störung schließlich auf etwas sehr Harmloses: auf bloße Worte! Dann möge man aber einfach der Wahrheit die Ehre geben und sich so ausdrücken: Voraussetzung der interd. ret. poss. ist nicht die Störung oder Verletzung des Besitzes, sondern die Prätension desselben von der andern Seite, die auch durch Worte documentirt werden kann. Vor der Zulassung der Worte bebt man zwar regelmäßig zurück, fast überall findet man auch in der vorsavigny'schen Literatur, welche doch durch den Delictsgesichtspunkt noch nicht beeinflußt wird, das Erforderniß der „Turbation" aufgestellt, sogar von solchen Schriftstellern, welche im Uebrigen die Präjudicialfunction dieser Interdicte, wie ich sie der Kürze wegen nennen will, anerkannten [98]). Nur einige wenige hatten den Muth, offen für die Worte Partei zu nehmen [99]). Unsere heutige Praxis dürfte, wo der Fall darnach geeignet ist, schwerlich Anstand nehmen, sich in demselben Sinne zu entscheiden [100]).

Die Möglichkeit dieser reinen Präjudicialfunction der genannten Interdicte bildet den unerläßlichen Abschluß der im bisherigen entwickelten Gedanken.

Bezweckt der Besitzesschutz in Wahrheit die Erleichterung, Ergänzung, Vervollständigung des Eigenthumsschutzes, so erfordert die Consequenz, ihn nicht bloß da zuzulassen, wo der Besitz verletzt, sondern auch da, wo er zwischen Parteien streitig ist, ganz so wie dies nach älterm römischen Recht, so lange noch die **reivindicatio ein judicium duplex** war, rücksichtlich des Eigenthums der Fall war. Zur Erhebung der **reiv.** bedurfte es damals nicht der Behauptung des Klägers:

---

98) z. B. bei den von Wiederhold a. a. O. S. 28 citirten Voet und Westphal.

99) So Lauterbach, Coll. theor. pract. 43, 17 § 8 und die von ihm Citirten: Putant quidem nonnulli, quod necessario ad turbationem facta requirantur; verum quod etiam verba sufficiant, probat l. 3 § 2 uti poss. (?) quod fit diffamando jus in alterius re sibi asserendo.

100) Das O.-A.-G. zu Oldenburg hat es gethan, s. Seuffert's Archiv VII. Nr. 41. Ebenso das O.-A.-G. zu München, daselbst XVII. 45.

sein Eigenthum werde durch den Beklagten mittelst Vorenthaltung der Sache verletzt, sondern lediglich: sie Beide seien uneins über das Eigenthum und bäten den Richter, zu entscheiden. Für die reivind. ist dies im neuern Recht, seitdem sie ein judicium simplex geworden und auf die Voraussetzung des Besitzes in der Person des Beklagten gestellt worden ist, hinweggefallen, für das interd. uti possidetis und utrubi, welche ihren Charakter als judicia duplicia unverändert beibehalten haben, ist damit auch diese Möglichkeit geblieben. Unser heutiger Richter kann einen darauf gerichteten Antrag ebensowenig zurückweisen, wie seiner Zeit der Prätor den entsprechenden Antrag rücksichtlich der Eigenthumsfrage. In diesem Antrage erscheint die Besitzfrage rein und unverfälscht, ohne alle Beimischung des Moments der Gewalt, der Besitz als das, wofür ich ihn ausgebe, als eine Position von vermögensrechtlichem Interesse, die es nicht bloß gilt zu vertheidigen, wenn sie verletzt, sondern auch sich zu sichern, wenn sie bestritten ist, kurz, als sachenrechtliches Verhältniß. Wie sehr diese Auffassung dadurch unterstützt und bestätigt wird, daß die römischen Juristen den Besitz als mögliches Object der Condictionen und der restitutio in integrum anerkennen, wird kaum nöthig sein, näher auszuführen [101].

101) l. 2 de cond. trit. (13. 3). Sed et ei qui vi aliquem de fundo dejecit, posse fundum condici.. Sed ita si dominus sit qui dejectus condicat; celerum si non sit, possessionem condicere Celsus ait. l. 25 §. 1 de furt. (47. 2). l. 15 §. 1 de cond. ind. (12. 6).. quemadmodum si falso existimans possessionem me tibi debere alicujus rei tradidissem, condicerem. l. 9 §. 2. l. 21 § 2 quod met. (4. 2) qui possessionem non sui fundi tradidit, non quanti fundus, sed quanti possessio est, ejus quadruplum...consequetur. Deutlicher als in der letzten Stelle kann der selbstständige vermögensrechtliche Werth des Besitzes nicht ausgedrückt werden, ich meinerseits würde freilich nicht wünschen, die dort von Juristen verlangte Schätzung

2. Die interdicta recuperandae possessionis.

Im Bisherigen war fast ausschließlich von dem interd. retinendae possessionis die Rede, und wenn ich nunmehr auch die interd. recuperandae poss., beziehungsweise die int. retin. poss. in ihrer erst neuerdings ermittelten recuperatorischen Function in den Kreis meiner Betrachtung ziehe, so geschieht es nicht sowohl, um sie für meine Ansicht, als um letztere für sie zu verwerthen.

Das interd. de precario, über welches das für unsern Zweck Bemerkenswerthe bereits oben S. 68 mitgetheilt ist, hat hier kein weiteres Interesse für uns; es stützt sich nicht sowohl auf Verletzung, als auf Verleihung des Besitzes (S. 16). So bleiben nur das int. unde vi und die int. retin. poss., soweit sie auf Rückgabe eines vi oder clam verloren gegangenen Besitzes gerichtet werden können, übrig; der Kürze wegen werde ich beide im Folgenden als recuperatorische Interdicte bezeichnen.

Der Gesichtspunkt, unter dem ich dieselben betrachte, ist ein anderer, als unter dem die herrschende Lehre es thut. Denn während letztere sich bei der Thatsache, daß dieselben sich lediglich auf die zwei Fälle des vi und clam beschränken, als etwas nicht weiter in Frage zu Stellendem beruhigt, richtet mein Interesse sich vorzugsweise auf die Frage: woher diese Beschränkung, läßt sie sich rechtfertigen, entspricht sie dem Bedürfniß des Lebens? Es ist allerdings sehr bequem, sich darüber keine Scrupel zu machen, aber es ist dies in meinen Augen nur eine Folge der in Bezug auf den Sinn und die

des Werths der possessio vornehmen zu müssen. Ueber die restitutio in integrum s. l. 23 §. 2 ex quib c. maj. (4. 6). — Es ist das Verdienst von Bruns a. a. O. S. 27 fl., die Aufmerksamkeit auf diesen lange Zeit außer Acht gelassenen Punkt zurückgelenkt zu haben.

Bedeutung des Besitzesschutzes herrschenden irrigen Auffassungsweise. Ich will mich genauer erklären.

Entnimmt der Besitzesschutz, wie ich im Bisherigen zur Genüge glaube nachgewiesen zu haben, sein legislatives Motiv nicht dem Delict des Dejicienten, sondern dem Interesse des Besitzers, so sollte man sagen, müßte er eben so weit reichen, wie letzteres. Nun beschränkt aber letzteres sich keineswegs auf das Bedürfniß der Sicherstellung gegen heimliche oder gewaltsame Besitzentziehung, sondern gegen Besitzentziehung jedweder Art, ohne Unterschied, ob sie sich unter den Gesichtspunkt eines vom Gegner begangenen Delicts bringen lassen oder nicht. Von einem Delict kann keine Rede sein, wenn Jemand bona fide die unter seine Sachen gerathene Sache eines Andern fortan als die seinige besitzt, wenn der Käufer eines Landguts irrigerweise eine zu den Besitzungen seines Nachbarn gehörige Parcelle als ihm gehörig in Cultur nimmt oder von dem vermeintlichen Eigenthümer, der aber in Wirklichkeit nur der Pächter eines Andern war, ein Stück Land kauft. In allen diesen Fällen muß mithin der bisherige Besitzer, wenn der recuperatorische Besitzesschutz an die Voraussetzung des vi aut clam geknüpft ist, petitorisch klagen, was in manchen Fällen wegen der Schwierigkeit des Eigenthumsbeweises mit dem Verlust der Sache gleichbedeutend ist. Ich meinerseits vermag darin nur eine durch nichts zu rechtfertigende Härte zu erblicken und ich kann davon nur den Anlaß zu der Frage hernehmen: hat denn das römische Recht diese Härte nicht gefühlt und, wenn nicht, worin kann der Grund zu finden sein? In Bezug auf den ersten Theil der Frage verdient nun nicht außer Acht gelassen zu werden, daß diese Lücke bis auf Justinian für bewegliche Sachen nicht existirte. Das interd. utrubi, mittelst dessen dieselben selbst aus dritter Hand zurückgefordert werden konnten, war an die Voraussetzung einer delictsartigen

Aneignung des Besitzes nicht gebunden und es ist in meinen Augen eine wesentliche Verschlechterung des älteren Rechts, daß Justinian dies Interdict schlechthin aufgehoben hat; er hätte es höchstens gegen den dritten Besitzer versagen, aber gegen denjenigen, an den man unmittelbar den Besitz verloren hat, beibehalten sollen. Bei unbeweglichen Sachen dagegen war die Beschränkung der recuperatorischen Interdicte auf das **vi aut clam** unzweifelhaft. Ich vermag dies zu erklären, aber nicht zu rechtfertigen. Es ist bekannt, daß die Rechtsbegriffe bei ihrem ersten historischen Auftreten häufig eine beschränkte Gestalt an sich tragen, die hinter ihrer eigentlichen Bestimmung und Aufgabe zurückbleibt und von der sie sich erst im Laufe einer längeren Entwicklung frei machen [102]). Produkte des Bedürfnisses und der Erfahrung, nicht des abstracten juristischen Denkens, reichen sie über jene Impulse nicht hinaus und begnügen sich mit einem Thatbestand, der in faßbarer, handfester, aber andererseits nicht selten zu enger Form das Wesentliche des Verhältnisses wiedergiebt. Statt vieler andern Beispiele nenne ich den Begriff des **damnum injuria datum.** Der **lex Aquilia** war die weite Fassung desselben, zu der sich die spätere Jurisprudenz erhob, viel zu abstract; sie formulirte ihn ganz concret: **quod usserit, fregerit, ruperit.** In derselben Weise nun verfuhr der Prätor bei den possessorischen Interdicten, indem er den Begriff der unrechtmäßigen Besitzentziehung auf die beiden Hauptfälle **vi** und **clam** stellte. Diese Formulirung reichte für die meisten Fälle aus, im übrigen sorgten die Juristen durch verständige Interpretation dafür, daß sie die nöthige Weite erhielt [103]).

102) S. meinen Geist des R. R. II S. 366, 368, 450.

103) Insbesondere durch Interpretation des Begriffs der **vis**, den sie keineswegs mit Savigny (S. 429) auf die „unmittelbar per-

Nur war freilich der Interpretation eine gewisse Grenze gesetzt, man konnte z. B., ohne den Begriff der vis bis zur Unkenntlichkeit zu entstellen, die oben angeführten drei Fälle nicht unter den Begriff der vis bringen.

Aber was die Juristen nicht vermochten, vermochte die Gesetzgebung, und es ist meine feste Ueberzeugung, daß die spätere kaiserliche Legislation in der That diese Lücke ausgefüllt hat. Dies war auch in früherer Zeit eine viel verbreitete, nur vereinzelt widersprochene Ansicht, welche selbst die Autorität eines Cujacius [104]) für sich aufzuweisen vermochte, sie ist aber in unserm Jahrhundert dem Widerspruch, den Savigny ihr entgegengesetzt hat, mehr und mehr erlegen. Mich hat freilich dieser Widerspruch in keiner Weise zu überzeugen vermocht, im Gegentheil, es ist mir kaum begreiflich, wie man bei unbefangener Durchsicht der betreffenden Stellen des Codex Theodosianus und Justinianeus sich jener Ansicht zu entziehen vermag. Aber freilich, wenn man, wie Savigny, die vorgefaßte Meinung mitbringt: die possessorischen Interdicte müssen Delictsklagen sein, das gesammte juristische Interesse des Besitzes erschöpft sich daran, daß derselbe Gegenstand eines Delicts sein kann — dann allerdings wird es erklärlich, daß man, um diese irrige Grundlage der ganzen Besitztheorie zu retten, das Mögliche und Unmögliche aufbietet, um jene unbequeme Thatsache aus dem Wege zu räumen.

Cujacius, den Savigny selbst als den Hauptvertreter jener Ansicht nennt, hat die Gründe, welche sich den Quellen entnehmen lassen, bis auf eine oder zwei nicht benutzte Belegstellen kurz und bündig zusammengestellt [105]), und

---

sönliche Gewaltthätigkeit" beschränkten, s. dagegen z. B. l. 1 §. 24, 29, l. 3 §. 7, 8, l. 12. 18 de vi (43. 16) u. a.

104) S. bei Savigny S. 466.

105) Vor Allem in seinen Observationen I. 20, XIX. 16.

ich habe weniger nöthig, dieselben zu vermehren, als sie gegen die Einwendungen Savigny's in Schutz zu nehmen.

Savigny legt ein großes Gewicht darauf, daß Justinian weder in den Institutionen, wo dem int. unde vi etwa 6 Zeilen gewidmet sind (§. 6 J. de int. 4. 15), noch in den Pandekten auf die angebliche Ausdehnung des Besitzesschutzes im neuern Recht Rücksicht nehme. Aber wie vieles ist im Codex neu hinzugekommen, von dem in jenen Sammlungen keine Rede ist. Und sodann handelt es sich bei der fraglichen Neuerung nicht um eine Aufhebung des interd. unde vi, wie man nach Savigny glauben sollte, sondern um eine analoge Ausdehnung desselben auf einzelne ganz bestimmte Fälle. Hat doch Justinian die Neuerung, die er nach Savigny's eignem Zugeständniß (s. u.) in der l. 11 Cod. unde vi (8. 4) gemacht, und in der er angeblich einen Fundamentalgrundsatz der frühern Besitztheorie: das Requisit des bestehenden Besitzes für das interd. unde vi aufgehoben haben soll, weder in den Institutionen erwähnt, noch die Aeußerungen der Pandektenjuristen mit ihr in Einklang gebracht!

Die Stellen, welche die hier in Rede stehende Veränderung berühren, gehören mit Ausnahme einer einzigen aus dem Codextitel de acquirenda vel amittenda possessione, sämmtlich dem Titel unde vi des Codex Theodosianus (IV, 22) und Justinianeus (VIII, 4) an. Wenn sie nun für gewisse Fälle eines nicht gewaltsamen Besitzverlustes die Rückgabe des Besitzes anordnen, so kann als das betreffende Rechtsmittel im Sinn der Redactoren dieser Sammelwerke unmöglich die reivindicatio gemeint sein, wie uns Savigny (s. u.) für die ihm vorzugsweise unbequeme l. 4 Cod. h. t. glauben machen will, sondern nur ein Besitzrechtsmittel, d. h. ein solches, welches nichts als den Beweis des Besitzes und der behaupteten Entziehung voraussetzt, sei es das int. unde vi selber, oder ein sich ihm anschließendes. Diese letztere formelle Frage ist in meinen Augen von wenig Belang. Bekannt ist der Einfluß, den der Untergang des ordo judiciorum privatorum auf den formellen Begriff der Interdicte ausgeübt hat[106]). Die formelle Abschwächung und Verwischung des alten Interdictenbegriffs, die man schon in den Redewendungen der Constitutionen am Ende des dritten Jahrhunderts und am Anfang des vierten wahrnehmen kann[107]), erleichterte die Ausdehnung der Anwendungssphäre des interd. unde vi in derselben Weise, wie das Aufkommen der actiones in factum die der actio legis Aquiliae. Auch ein neuer Name kommt auf, der des interdictum momentariae possessionis (l. 8 Cod. unde vi), der actio momenti (l. 6 Cod. Theod. ibid.) oder momentaneae possessionis actio (l. 3 Cod. Qui legit pers. 3. 6), der Entsetzte soll haben die facultas ad repetendum momentum (l. 4 Cod. Theod.), der Richter soll ihn der momentariae possessioni restituere (l. 1 Cod. Theod.)[108]). Nun ist zwar in einer Zeit der Sprachverwilderung, wie es die spätere Kaiserzeit war, dies Aufkommen neuer Ausdrücke nichts weniger als ein sicheres Zeichen der Bildung neuer damit verbundener Begriffe, allein im

---

106) §. ult. J. de interd. (4. 15).

107) S. z. B. die l. 3 Cod. de interd. (8. 1): Interdicta autem licet in extraordinariis judiciis proprie locum non habent, tamen ad exemplum eorum res agitur. l. 2 Cod. unde vi (8. 4) restituendos esse interdicti exemplo. l. 4 ibid. ad instar interdicti unde vi convenire potes. l. 1 Cod. si per vim (8. 5) actionem recuperandae possessionis.

108) Eine Menge anderer Stellen mit ähnlichen Wendungen s. bei Jac. Gothofr. in seinem Commentar zu dem obigen Titel des Cod. Theod. tom. I p. 449 (ed. Ritter).

vorliegenden Falle verhält es sich damit denn doch anders. Daß unter dieser act. momentariae possessionis nicht das interd. unde vi im Sinn der römischen Juristen zu verstehen ist, läßt sich meiner Ansicht nach zur Evidenz nachweisen. Zwei wesentliche Eigenthümlichkeiten sind es, welche diese Klage im Gegensatz zum interd. unde vi des alten Rechts charakterisiren [109]), die erste, von Savigny an keiner Stelle seines Buchs erwähnt, eingeführt durch das Edict von Constantin in l. 1 Cod. Theod. h. t. (l. 1 Cod. Inst. si per vim 8. 5), kurz zusammengefaßt in dem Edict von Theodosius und Honorius in l. 3 Cod. Qui legit. (3. 6): Momentaneae possessionis actio exerceri potest per quamcunque personam. Die zweite die hier in Frage stehende, welche durch vielfache Zeugnisse bewiesen wird: Nicht bloß nämlich, daß neben der „vis" noch die Möglichkeit einer anderweiten Störung des Besitzes anerkannt wird,

> Titelüberschrift zu lib. VIII, 5 Cod.: si per vim vel alio modo absentis perturbata sit possessio; l. un. Cod. ubi de poss. (3. 6): ubi vis facta dicitur aut momentaria possessio postulanda est;

daß ferner die Relevanz dieses Unterschiedes in crimineller Beziehung ausdrücklich hervorgehoben wird,

> l. 5 Cod. h. t. Invasor locorum poena teneatur legitima, si tamen vi loca eadem invasisse constiterit. Nam si per errorem aut incuriam domini loca ab aliis possessa sunt, sine poena possessio restitui debet [110]).

---

109) Jac. Gothofr. a. a. O. führt nicht weniger als 12 auf.

110) Die Stelle bildet den Schlußsatz der l. 1 Cod. Theod. fin. reg. (2. 26).

l. 8 ibid. Momentariae possessionis interdictum quod non semper ad vim publicam pertinet vel privatam, mox audiri, interdum etiam sine inscriptione meretur [111]).

sondern es wird auch in den betreffenden Titeln in einer Reihe von Fällen die Verpflichtung zur Restitution eines unrechtmäßiger Weise ergriffenen Besitzes anerkannt, die sich durchaus nicht unter den Gesichtspunkt der vis bringen lassen.

Bevor ich diese Fälle mittheile, möge der Einwendungen gedacht werden, welche Savigny gegen die Beweiskraft der obigen vier Zeugnisse erhoben hat. Die citirte Titelüberschrift glaubt er in folgender Weise beseitigen zu können. Die l. 2 des Titels, auf welche allein das „vel alio modo" bezogen werden könne, bestimme, daß bei einem Rechtsstreit der Besitzstand weder durch ein Rescript des Kaisers, noch durch ein Decret des Richters geändert werden solle, wenn eine Parthei abwesend sei. Offenbar betreffe sie bloß den Proceß und sei von den Compilatoren nur an einer unschicklichen Stelle eingeschaltet worden. Letzteres muß ich entschieden bestreiten. Eine Verfügung, welche ebensowohl in den Proceß, als in den Besitz einschlägt, läßt sich bei beiden Materien unterbringen, wie dies in der That rücksichtlich der oben erwähnten ersten Eigenthümlichkeit der act. momentaneae poss. von den Compilatoren Justinian's geschehen ist. Die citirte Stelle ist entnommen der l. 5 Cod. Theod. unde vi (4. 22), schon die Compilatoren des Cod. Theod. also hielten die Beziehung dieser Verfügung zum Besitz für die bedeutungsvollere, was sich aus unserer gegenwärtigen Darstellung

---

111) Aus dem non semper dieser letzteren Stelle ergibt sich, daß das interd. oder die act. momentariae possess. auch die Fälle des interd. unde vi mit umfaßt.

auch unschwer begreift, und daß die Redactoren des Cod. Iust. nicht gedankenlos diesem Vorgange folgten, daß vielmehr die systematische Stellung dieser Stelle für sie einen Gegenstand der Erwägung bildete, geht schlagend daraus hervor, daß sie dieselbe nicht unter dem Titel unde vi (VIII. 4) beließen, sondern sie unter den obigen neu von ihnen gebildeten Titel brachten [112]. Im Sinn der Verfasser des Cod. Theod. gehört der Fall, den jene Stelle betrifft, unzweifelhaft der erweiterten Anwendungssphäre des interd. unde vi an. Konnten die Compilatoren Justinian's, die diese Thatsache vor Augen hatten, die Erweiterung der Anwendungssphäre dieses Interdicts deutlicher signalisiren, als indem sie den betreffenden Titel, in dem sie zwei principielle Aenderungen des ältern Rechts mittheilten, zwischen die Titel: unde vi (VIII. 4) und uti poss. (VIII. 6) einschalteten?

Die zweite der oben citirten Stellen hat Savigny nicht berücksichtigt, sowie sie denn bisher überhaupt noch nicht benutzt ist. Bei der dritten erhebt er abermals den Vorwurf der ungeschickten systematischen Stellung — beiläufig gesagt gerade im Munde Savigny's ein etwas zweischneidiger Vorwurf, denn das einzige Argument, auf das er seine bekannte Ansicht, der zufolge das interd. unde vi im neuern Recht auf bewegliche Sachen ausgedehnt worden sein soll, stützt, ist — — die Aufnahme der l. 7 Cod. h. t. (über die Strafen der Selbsthülfe bei der Besitzentziehung) in den Titel: unde vi. Es ist ein seltsamer Widerspruch, in dem einen Fall die Einfügung einer Stelle unter einen bestimmten Titel für etwas völlig Bedeutungsloses zu erklären, in dem andern ihr eine höchst folgenreiche Bedeutung zuzusprechen — in dem einen Fall die Compilatoren

112) Auch die Verfasser der Basiliken stellen sie zum Besitz, lib. 50 tit. 3 l. 52.

völliger Gedankenlosigkeit in Bezug auf diesen Punkt zu zeihen, in dem andern ihnen die genaueste Erwägung desselben und eine Breviloquenz zuzumuthen, die eher Tadel als Lob verdienen würde. Einen Anhaltspunkt für seinen in Bezug auf die obige Stelle gegen sie erhobenen Vorwurf erblickt er darin, daß es dort heiße: per errorem vel incuriam domini statt possessoris, womit „deutlich genug" auf die reivind. hingewiesen sei. Es ist schwer zu begreifen, wie ein Savigny sich eines so völlig leeren Einwandes hat bedienen mögen [113]), und selbst in seinem Munde verdient derselbe keine weitere Widerlegung als die einfache Verweisung auf die vielen Stellen, in denen der „dominus" die possessorischen Interdicte anstellt (S. 78—80).

Die vierte Stelle endlich soll sagen, daß es Fälle gebe, wo zwar das alte int. unde vi, aber keine accusatio ex lege Julia möglich sei. Den Beweis ist Savigny schuldig geblieben, denn daß in dem Fall, den er dafür benutzen zu können glaubt: wenn nämlich Jemand in Abwesenheit des Besitzers dessen Grundstück ohne besondere Gewaltthätigkeit occupire, und letzterer nicht zurückzukehren wage, kein crimen vis begangen sei, ist eine mit Nichts gerechtfertigte Behauptung, die nicht bloß in der Theorie der Pandektenjuristen keine Unterstützung findet [114]), sondern Justinian innerhalb desselben

113) Mit demselben Recht könnte man in l. 12 Cod. de poss. (7. 32) die Worte: nihil penitus domino praejudicii generetur auf die reivind. beziehen, während doch Savigny selber (S. 372) keinen Anstand nimmt, sie von der Fortdauer des Besitzes zu verstehen.

114) Man vergleiche z. B. folgende Stellen aus dem Titel ad leg. Jul. de vi privata (48. 7), welche lediglich das sachliche Moment der Aneignung fremder Sachen betonen, ohne der Gewalt gegen den Besitzer Erwähnung zu thun: l. 3 § 2 per injuriam ex bonis ablatum quid. l. 7 si in rem debitoris intraverint nullo id concedente. l. 8. sine autoritate judicis res debitoris occupet.

Titels mit sich selber in Widerspruch bringt, denn in der l. 11 ibid. verfügt er, daß auch ein solcher Occupant als „praedo" behandelt werden solle.

Wenden wir uns nunmehr den einzelnen Fällen zu, in denen das neuere Recht das interd. oder die act. momentariae possessionis zugelassen hat. Es sind folgende.

1. Der Fall des Irrthums. Nach der oben mitgetheilten l. 5 Cod. h. t. könnte man darüber streiten, ob unter dem „per errorem" bloß der Irrthum des bisherigen Besitzers oder auch der des Occupanten gemeint sei; es hängt davon ab, ob man den Zusatz „domini" auch auf per errorem oder bloß auf incuriam bezieht. Nach der l. 11 ibid. kann nicht zweifelhaft sein, daß die Verpflichtung zur Zurückgabe auch beim Irrthum des Occupanten Platz greift, denn Justinian verwirft hier ausdrücklich die, wie es scheint, bei Occupation der Grundstücke Abwesender gern benutzte Ausflucht: man habe das Grundstück des Gegners fälschlich für das seinige gehalten (ridiculum etenim est dicere vel audire, quod per ignorantiam alienam rem quasi propriam occupaverit, omnes autem scire debent, quod suum non est, hoc ad alios modis omnibus pertinere). Das praktische Interesse dieses Falles liegt auf der Hand. Beim Wechsel des Eigenthums von Ländereien durch Erbgang oder Verkauf kann es vorkommen, daß der neue Eigenthümer über den Umfang seiner Besitzung im Unklaren ist und aus Versehen zu wenig oder zu viel in Besitz nimmt. Wird sein Irrthum im ersten Fall von seinem Nachbarn benutzt, um sich das Stück anzueignen, wird derselbe umgekehrt im zweiten Fall von diesem nicht bemerkt, so liegt eine durch Irrthum veranlaßte Veränderung des Besitzverhältnisses vor, die nach dem frühern römischen Recht nur mittelst der reivind., nicht mittelst eines Besitzrechtsmittels rück-

gängig gemacht werden konnte [115]). Das Bedürfniß einer Hülfe war hier unbestreitbar, denn es ist eine in meinen Augen durch Nichts zu rechtfertigende Härte, daß der Eigenthümer einem Gegner, von dem er nachweisen kann, daß er sich von ihm ohne jeden Rechtsgrund den Besitz angeeignet hat, den Beweis seines Eigenthums erbringen soll. Wenn das spätere Recht den Begriff der injusta possessio auf diesen Fall ausdehnte, so kann das nur bei Denjenigen Tadel finden, welche in Verkennung des wahren Zwecks des Besitzesschutzes den selbstfabricirten, engzugeschnittenen Schulbegriff über die Interessen des Lebens setzen. Was relevirt es für das Interesse des Besitzers — und das, sollte ich sagen, wäre doch beim ganzen Besitz der allein entscheidende Gesichtspunkt! — ob ihm sein Gegner mit Gewalt oder in anderer Weise den Besitz entzogen hat? Genug, daß es injuste, wider seinen Willen geschehen ist, und daß der Besitz im Prinzip als schutzwürdiges und schutzbedürftiges Verhältniß anerkannt ist. Und sodann: wie zweifelhaft kann es nicht selten sein, ob ein bloßer Versuch der Besitzaneignung oder letztere selber vorliegt. Angenommen, in dem obigen Fall erfährt der auf seiner Besitzung anwesende Eigenthümer (auf den also die Grundsätze über den Besitzverlust an Grundstücken Abwesender keine Anwendung finden) erst im Frühjahr, daß sein Nachbar eine entlegene Parcelle seines Grundstücks im Herbste bestellt oder eingefriedigt hat: ist hier sein Besitz bloß gestört oder entzogen? Entscheidet sich der Richter für Ersteres, so reicht für den Kläger der Beweis seines Besitzes aus; entscheidet der Richter

115) l. 37 § 1 de usurp. (41. 3). Fundi quoque alieni potest aliquis sine vi nancisci possessionem, quae vel ex negligentia domini vacet vel quia dominus sine successore decesserit vel longo tempore abfuerit. Der „negligentia domini“ entspricht in unserer Stelle die „incuria domini“.

sich für Letzteres, so soll er den Beweis seines Eigenthums erbringen! Was würde die Folge eines solchen Rechtssatzes sein? Daß Richter von einigem praktischen Takt sich um jeden Preis für das Fortbestehen des Besitzes erklären würden.

2) Untreue des Stellvertreters. Ueberließ der detentor alieno nomine den Besitz des Grundstücks einem Dritten, so gab es nach älterm Recht für den Eigenthümer gegen letzteren keinen possessorischen Schutz; er war ausschließlich auf die petitorischen Rechtsmittel angewiesen. Offenbar eine höchst bedenkliche Lage, eine große Gefahr für den Eigenthümer. Der Pächter hatte es dadurch in seiner Hand, ihn in manchen Fällen um das Seinige zu bringen, denn bekanntlich ist der Eigenthumsbeweis, der dem Theoretiker so leicht aus der Feder kommt, in der Wirklichkeit etwas schwieriger, als auf dem Papier. Verdient das neuere Recht einen Vorwurf, daß es diese unzweifelhafte Lücke ausgefüllt hat? In einem besondern Falle hatte dies bereits die bisher für unsere Frage nicht benutzte l. 6 § 1 Cod. h. t. (l. 2 Cod. Theod. h. t.) von Gratian und Valentinian (382) gethan, nämlich für den Fall, daß colludirende Vormünder den Besitz ihrer Mündel dem Gegner abgetreten hatten. Die Mündel sollten unter dieser „culpa temeritatis alienae“ nicht leiden, „sed illico quidem possessio ei, a quo ablata est, reddatur.“ Daß hier an ein Besitzrechtsmittel gedacht ist, zeigt die Stellung der Stelle unter den Titel: unde vi und die Betonung der Schnelligkeit des Verfahrens („illico reddatur“), die nach späterm Sprachgebrauch das sichere Kennzeichen der act. mom. poss. ist[116]). Ganz dasselbe hatte schon Diocletian in der l. 5 Cod. de poss. (7. 32) für den Fall des Verkaufs von Seiten des Pächters gethan. Wenn er sich hierbei des Aus-

116) S. die von Jac. Gothofr. a. a. O. citirten Stellen.

drucks: dominii tui jus non convelli bedient, so könnte damit die reivind. gemeint sein. Daß sie es nicht ist, daß der Kaiser vielmehr den Besitzesschutz im Auge hat, geht nicht bloß aus der Titelüberschrift: de acquirenda et retinenda possessione, sondern aus dem im Anfang der Stelle in Bezug genommenen Satz: nemo causam possessionis sibi mutare potest hervor, ganz abgesehen von der Plattheit des im entgegengesetzten Fall dem Kaiser in den Mund zu legenden Satzes, daß der Pächter den Verpächter nicht um sein Eigenthum bringen könne. Justinian erweiterte in der l. 12 Cod. de poss. (7. 32) diese Bestimmung auf das Stellvertretungsverhältniß beim Besitz überhaupt:

> ut sive servus sive procurator vel colonus vel inquilinus vel quispiam alius, per quem licentia est nobis possidere, corporaliter nactam possessionem cujuscunque rei dereliquerit vel alii prodiderit desidia forte aut dolo, ut locus aperiatur alii eandem possessionem detinere, nihil penitus domino praejudicii generetur, ne ex aliena malignitate alienum damnum emergat.

Der Eigenthümer soll also darunter nicht leiden, d. h. die Sache soll ihm zurückgegeben werden, und zwar nicht auf Grund seines Eigenthums, das er mithin vorher zu erweisen hätte, was meines Wissens noch Niemand behauptet hat, obgleich Savigny es wegen des Wortes domino hier ebenso gut hätte vertheidigen können, wie bei l. 5 Cod. unde vi (S. 91); sondern auf Grund seines Besitzes. Ueber die Art aber, wie das Verhältniß juristisch zu denken ist, ob nämlich der Besitz als fortdauernd, oder als aufgehoben angesehen werden soll, gehen die Ansichten schon seit der Glossatorenzeit aus einander [117]). Ich brauche kaum zu sagen, daß Savigny die erstere Ansicht vertheidigt, denn die zweite steht mit seiner Auffassung über die beschränkte Natur des recuperatorischen Besitzschutzes im offenen Widerspruch. Den einzigen Anhaltspunkt für seine Ansicht bildet die l. 3 §. 6—9 de poss. (41. 2) von Paulus, aus der er herauszulesen sucht, daß nach Ansicht dieses Juristen der Besitz nicht bloß in dem Fall fortdauere, den der Jurist ausdrücklich erwähnt, wenn nämlich der Stellvertreter sich einfach entfernt, sondern auch dann, wenn er ihn einem Andern übergeben hat. Rücksichtlich des letztern Falls tragen aber Afrikan und Papinian in l. 40 §. 1, l. 44 §. 2 ibid. das Gegentheil vor [118]), ohne auch nur die Möglichkeit einer entgegengesetzten Meinung offen zu lassen, sowie umgekehrt seinerseits Paulus, wenn er im Savigny'schen Sinn verstanden werden soll, seine angeblich entgegengesetzte Ansicht in einer Weise äußert, die sich mit einer so erheblichen Divergenz der Ansichten schwer vertrüge (§. 9 cit. nam constat nos possidere donec u. s. w.). Rudorff (in Savigny S. 686) fügt den obigen Zeugnissen noch die bekannte, von Gellius (XI. 18 §. 13) mitgetheilte und dem Werk des Sabinus de furtis entlehnte Notiz über die Verurtheilung des Pächters diebstahlshalber hinzu, welcher das Grundstück verkauft hatte und dadurch „possessione ejus dominum intervertisset“, und ich meinerseits kann ein neues nachtragen, nämlich die oben benutzte l. 3 §. 1 Cod. unde vi, welche als Wirkung der dolosen Besitzübergabe von Seiten des Vormundes ebenfalls den Ver-

117) Savigny S. 374.

118) Die l. 33 § 4 de usurp. (41. 3) scheint bloß bewegliche Sachen im Auge zu haben, bei denen der Besitzverlust bekanntlich von vornherein anders regulirt war.

lust des Besitzes in der Person des Mündels ausspricht (possessio ei, a quo ablata est, reddatur).

Das praktische Interesse dieser Differenz ist auch für die Frage vom Besitzesschutz, von der Usucapion ganz abgesehen, kein unerhebliches. Nach beiden Ansichten ist zwar dafür gesorgt, daß der Besitzer den ihm thatsächlich entzogenen Besitz zurückerhält, aber während er nach der Savigny'schen sofort, wenn er das Sachverhältniß erfahren hat, gerichtlich oder außergerichtlich Anstalten machen muß, ihn als einen noch bestehenden zu behaupten, widrigenfalls er ihn verliert und folglich des recuperatorischen Rechtsmittels, da keine vis vorliegt, verlustig geht, hält die entgegengesetzte Ansicht ihm das int. unde vi für die ganze Verjährungszeit offen. Und sodann dauert letzteres auch im Fall der Veräußerung fort[119]), während das int. uti possidetis den gegenwärtigen Besitz in der Person des Beklagten voraussetzt.

3. Illegale obrigkeitliche Verfügung.

Der Grundsatz der Ungültigkeit einer mittelst illegaler obrigkeitlicher Verfügung bewirkten Besitzveränderung ist im justinianeischen Codex in zwei Stellen anerkannt, der l. 2 Cod. si per vim (8. 5) und der l. 3 Cod. qui legit. (3. 6). Zufolge der ersteren Stelle soll ein kaiserliches Rescript oder eine richterliche Verfügung, welche die Besitzübertragung ausspricht, nicht in Abwesenheit des bisherigen Besitzers vollzogen werden[120]). Die Uebertretung dieses Verbots fällt unter den in

119) Ja, es geht selbst gegen denjenigen, der den Besitzer bloß vertrieben hat, ohne sich selber den Besitz anzueignen. l. 4 §. 22 de usurp. (41. 3).

120) Wie nöthig es von Seiten der Legislation war, sich der Abwesenden gegen diese und ähnliche Maßregeln zur Erschleichung des Besitzes anzunehmen, darüber s. J. Gothofredus zu l. 1 Cod. Theod. unde vi (tom. I p. 452).

der Ueberschrift des Titels ausgesprochenen Gesichtspunkt: si (per vim) vel alio modo absentis perturbata sit possessio; die Folge: die Rückgabe der Sache, und zwar auf Grund des bloßen Besitzes, nicht des Eigenthums versteht sich nach Maßgabe der Stellung und Fassung des Titels von selbst [121]). Die zweite Stelle bestimmt: die Erschleichung einer richterlichen Einweisung in den Besitz (sub colore adipiscendae possessionis obreptitia petitio), insbesondere wenn der Gegner nicht gehört ist, soll letztern nicht schaden, die etwaige Vollziehung des Einweisungsbefehls soll mittelst der „act. momentaneae possessionis" rückgängig gemacht werden [122]). Der Zusammenhang der Stelle ist auf den ersten Blick nicht ganz klar, er läßt sich jedoch durch Bezugnahme auf die früher (S. 88) erwähnte Verordnung von Constantin in l. 1 Cod. Theod. h. t. außer Zweifel stellen. Constantin hatte hier bestimmt, daß, wenn der Besitz eines Abwesenden, den ein „propinquus vel amicus vel servulus quolibet titulo retinebat, quolibet pacto ablata sit", diese Detentoren zur Anstellung der act. moment. poss. befugt sein sollten, und die l. 4 ibid. räumte diese Befugniß allen dem Abwesenden nahe stehenden Personen (servis, amicis, parentibus, proximis vel libertis) sogar unabhängig von der Voraussetzung der Detention ein. Indem nun die obige l. 3 diese Eigenschaft der Klage als Popularklage an die Spitze stellt (Momentaneae possessionis actio exerceri potest per quamcunque personam), macht sie die Anwendung davon auf den angegebe-

121) Im Cod. Theod. steht die Stelle als l. 5 im Titel unde vi; ebenso die gleich folgende als l. 6.

122) Ueber die früher viel behandelte Frage, ob das Int. unde vi auch gegen illegale Executionen der Obrigkeit statthaft sei, s. Bruns a. a. O. S. 72, 73, welcher sie nach Analogie der l. 3 §. 1 quod met. (4. 2) mit Recht bejaht.

nen Fall, den jene beiden Stellen nicht ausgeschlossen, aber freilich auch nicht ausdrücklich erwähnt hatten[123]), den der Erschleichung eines richterlichen Einweisungsbefehls. Die Klage, die während der Abwesenheit des Besitzers in seinem Interesse jedem Dritten gegeben wird, steht natürlich um so viel mehr ihm selber zu, einerlei ob er zur Zeit, als die Besitzaneignung des Gegners Statt fand, anwesend oder abwesend war. Der Beweis ist auf den Besitz und die Ungültigkeit des Einweisungsdecrets zu richten.

Die l. 2 Cod. Theod. unde vi (4. 22) enthält noch einen andern Fall einer derartigen Erschleichung des Besitzes in Formen des Rechts, nämlich mittelst ungehöriger Benutzung eines kaiserlichen Rescripts (neque vulgato rescripto neque adversario solenniter intimato) oder mittelst Vorspiegelung eines rechtskräftigen Urtheils zum Zweck der Einschüchterung des Besitzers [124]). Daß auch in diesem Falle eine possessorische Klage gegeben werden sollte, zeigt die Einfügung der Stelle unter den Titel unde vi. In der l. 6 pr. des entsprechenden Titels des justinianeischen Codex ist sie bis zur Unkenntlichkeit entstellt.

4. Aneignung des Besitzes Abwesender.

In der l. 11 Cod. unde vi (8. 4) bestimmt Justinian,

---

123) Denn wenn auch die l. 1 cit. den Ausdruck dejecti und violentia gebraucht, so lauten doch die übrigen Wendungen ganz allgemein: „cujuslibet rei possessione privati, quolibet pacto poss. ablata“ (so Hänel nach den besseren Handschriften, andere verbinden das quolibet pacto mit peregrinatur, wie es auch die l. 1 Cod. si per vim 8. 5 thut) „status, qui per injuriam sublatus est, ebenso die der l. 4: si perturbatus possessionis status sit vel direptum aliquid, quae probantur ablata.

124) Das Weitere bei Jac. Gothofredus zu dieser Stelle (p. 454).

daß Diejenigen, „qui vacuam possessionem absentium sine judiciali sententia detinuerunt" als Räuber gelten, und daß rücksichtlich ihrer dasselbe Platz greifen solle, was das ältere Recht gegen letztere in Bezug auf Rückgabe des Besitzes angeordnet habe. Daß darunter das int. unde vi gemeint sei, wird nicht bestritten, auch von Savigny nicht. Streitig ist nur, was unter vacua possessio zu verstehen sei, ob, wie Savigny (S. 469) will [125]), ein wegen Abwesenheit des Besitzers verloren gegangener Besitz (die possessio der l. 37 §. 1 de usurp. 41. 3, quae ex negligentia domini vacat) oder ein zwar nicht durch den Besitzer selber oder durch Stellvertreter ausgeübter, aber zur Zeit noch fortdauernder Besitz, wobei man z. B. an den Fall denken mag, daß die Pächter oder Sklaven sich entfernt haben [126]). Ich halte die letztere Ansicht für die richtige. Der Ansicht von Savigny bürdet Justinian die Ungeheuerlichkeit auf, für einen nicht mehr bestehenden Besitz einen Besitzesschutz geschaffen zu haben und läßt sich mit der Art, wie derselbe sich über das bisherige Recht ausläßt, nicht vereinigen. Letzteres, sagt er, habe dem ehemaligen Besitzer keinen Besitzesschutz gewährt: „violentia in ablatam possessionem minime praecedente." Allein, welcher alte Jurist würde in einem Fall, wo der Besitz fehlte, es unterlassen haben, diesen so durchschlagenden Grund der Unmöglichkeit des Besitzesschutzes zu erwähnen? Wer das Hinderniß ausschließlich in der Unmöglichkeit der vis suchte, gestand damit implicite das Dasein des Besitzes zu. Und sodann legt Justinian den Occupanten

---

125) Nach Bruns im Jahrbuch von Bekker und Muther IV. S. 65 ist diese Ansicht „gegenwärtig wohl außer Zweifel".

126) Hier dauerte der Besitz nach der Theorie der römischen Juristen vorläufig noch fort, s. unten XIV.

die Ausflucht in den Mund: **quod per ignorantiam rem alienam quasi propriam occupaverint**, während ihnen doch unter der Voraussetzung der Besitzlosigkeit der Sache die Berufung auf letztere Thatsache eine ganz andere, vollkommen legale Rechtfertigung gewährt hätte [127]). Beide Erwägungen nöthigen zu der Annahme, daß es sich bei der dem Kaiser zur Entscheidung vorgelegten Frage um ein bestehendes Besitzverhältniß handelte, und sein Bericht, daß das ältere Recht dem Besitzer gegen die Entziehung des Besitzes in diesem Fall keinen possessorischen Schutz ertheilt habe, weil der Begriff der vis auf Sachen keine Anwendung finde, verdient in meinen Augen so lange vollen Glauben, als für die entgegengesetzte Annahme irgend ein Zeugniß beigebracht wird. Ich kenne keins [128]). In keiner einzigen der Stellen, welche den Fall behandeln, ist dem entsetzten Besitzer, der sich nach erhaltener

---

127) l. 37 §. 1 de usurp. (41. 3). Fundi quoque alieni potest aliquis sine vi nancisci possessionem, quae vel ex negligentia domini vacet etc. l. 4 §. 28 ibid. Item si occupaveris vacuam possessionem deinde venientem dominum probibueris, non videberis vi possedisse. Ja, die l. 8 Cod. de omni agr. des. (9. 58) ermächtigt sogar einen Jeden, der Lust hat, „agros domino cessante desertos", d. h. nicht in Cultur gehaltene und darum aus dem Besitz des Eigenthümers gekommene (s. unten Nr. XIV) Grundstücke in Cultur zu nehmen. Ohne sich selbst in gröblichster Weise zu widersprechen, konnte doch Justinian nicht an der einen Stelle zu etwas auffordern, worauf er an der andern schwere Strafen setzt. Ebenso wenig stimmt dazu die l. 4 Cod. de poss. (7. 32), welche ausdrücklich anerkennt, daß, von dem Fall der „metus necessitas" abgesehen, das längere Leerstehenlassen des Grundstückes dem Besitzer zum „praejudicium" gereiche, d. h. den Verlust des Besitzes zur Folge habe.

128) Auch Bruns a. a. O. S. 70, welcher der entgegengesetzten Ansicht ist, muß einräumen, daß die Stellen, welche man darauf beziehe, die l. 3 §. 8, l. 7, l. 25 §. 2 de poss. „eigentlich nur vom Besitzverluste, nicht von der Zuständigkeit des Interdicts" sprechen.

Kunde beruhigt, das interdictum unde vi zugesprochen, es wird vielmehr, damit letzteres begründet werde, stets vorausgesetzt, daß der Besitzer sich an Ort und Stelle verfüge und dadurch die Möglichkeit eines gegen ihn persönlich gerichteten Widerstandes herbeiführe, und es ist Savigny selber, welcher als Voraussetzung des Interdicts die „unmittelbar persönliche Gewaltthätigkeit" bezeichnet hat. Für Denjenigen, der diesen nicht immer ganz unbedenklichen und gefahrlosen Schritt scheute oder der durch Abwesenheit daran gehindert war, gab es im ältern Recht keine possessorische Hülfe, dasselbe ließ ihm nur noch die reivind. offen.

Es ist aber nicht bloß Justinian's Zeugniß allein, auf welches ich diese Ansicht stütze, ich finde sie schon in den Ausdrücken, deren sich die römischen Juristen über die beiden Fälle des Besitzverlustes in den in der Note 128 citirten Stellen bedienen, deutlich ausgeprägt. In der l. 3 §. 8 cit. sagt der Jurist von dem Fall, wenn der Besitzer aus Furcht nicht heranzugehen wagt: amisisse eum possessionem, während er doch mit zwei Buchstaben das vi hinzufügen konnte. In der l. 7 ibid. kehrt derselbe Ausdruck wieder, und gerade in ihr ist die Weglassung des Zusatzes vi höchst bezeichnend, denn die mit ihr in engster Verbindung stehende l. 6 §. 1 fügt für den Fall: si revertentem dominum non admiserit," das vi ausdrücklich hinzu (vi magis intelligi possidere, non clam) und die l. 25 §. 2 ibid. endlich bezeichnet die Art des Besitzverlustes im obigen Fall geradezu als: animo desinamus possidere. Wie stimmt das zu der Annahme einer Dejection, bei der doch bekanntlich der Besitz nicht animo, sondern corpore verloren geht?

Aber — möchte ich noch ferner fragen — wie stimmt jene Annahme zu Savigny's eigner Theorie? Es ist eine sehr abschüssige Bahn, in die er hier durch die Verkennung des obigen Verhältnisses hineingerathen ist. Denn zuerst wird (S. 429) er dadurch gezwungen, seiner eignen Definition der beim interd. unde vi vorausgesetzten vis als der „unmittelbar persönlichen Gewaltthätigkeit" in einer Weise Hohn zu sprechen, daß dieser Begriff in eine Carricatur oder Negation seiner selbst ausartet. Wenn die eigenmächtige Occupation des Grundstücks schlechthin, der Besitzer mag sich stellen oder nicht, eine unmittelbar persönliche Gewaltthätigkeit enthält, was bleibt dann noch für eine Gewalt übrig, welche dieses Prädicat nicht verdient? Wozu denn die durch den Zusatz „unmittelbar" noch verstärkte Betonung der persönlichen Richtung dieser Gewalt? Dann kann man auch den Diebstahl als Raub bezeichnen! Aber, sagt Savigny (S. 431), „es ist ganz gleichgültig, ob die Gewalt wirklich ausgeübt oder aus einer gegründeten Furcht vermieden wird, vorausgesetzt, daß die Gefahr keine zukünftige, sondern eine unmittelbar gegenwärtige war; ebenso ob der Besitzer aus seinem Hause herausgeworfen oder hineinzugehen abgehalten wird" und, dies vorausgeschickt, findet er es — „sehr klar — daß der Besitzer, dessen Haus in seiner Abwesenheit besetzt wird, als dejectus das Interdict gebrauchen kann, wenn er gleich nicht einmal den Versuch macht, seinen Besitz mit Gewalt zu behaupten." In Wahrheit, wenn das Werk, worin sich diese Deduction findet, nicht den Namen des Verfassers an der Stirn trüge, ich würde es nicht für möglich halten, daß sie aus Savigny's Feder geflossen wäre. Also, wenn ich die Nachricht erhalte, daß ein Anderer — ich will einmal annehmen: mit dem festesten Vorsatz, den Besitz mit Waffen in der Hand zu vertheidigen — sich in Besitz meines Hauses gesetzt hat, so ist hier für mich „keine zukünftige" — denn sie reicht ja nicht aus — sondern „eine unmittelbar gegenwärtige Gefahr" vorhanden! Was bleibt denn — frage ich hier wieder — für die „zukünftige, nicht unmittelbar gegenwärtige Gefahr" noch übrig? Dasselbe wie für die nicht „unmittelbar persönliche Gewaltthätigkeit" d. h. Nichts! Aber wer sagt denn, daß der Occupant jene Absicht wirklich hat? Eine arme Familie hat sich im Winter in meinem leerstehenden Gartenhaus, Schuppen, Magazin, Sennhütte einquartirt, der Käufer des Guts hat rein aus Irrthum ein angrenzendes Grundstück, das mir gehört, in Cultur genommen, welche Gefahr droht mir denn hier, wenn ich hingehe, um meinen Besitz zu behaupten? Angenommen aber, als höchst ängstlicher Mensch scheue ich davor zurück, so ersetzt doch meine Furcht nicht die vis in der Person des Gegners. Wie beweise ich aber diese vis, wenn ich ihm keine Möglichkeit gegeben habe, sie zu bethätigen? Aber wie soll ich selbst nur einmal meine eigene Furcht beweisen? Und doch ist dies nöthig, denn wenn ich „nicht aus Furcht, sondern es nur überhaupt unterlassen habe, meinen Besitz zu behaupten, so ist der Besitz meines Gegners, da er mit meinem Willen seinen Anfang genommen, keine vitiosa possessio". So Savigny auf S. 350. Wer würde da nicht lieber auf das ganze interd. unde vi verzichten, als sich zwei Beweise aufbürden, von denen der eine ebenso unmöglich ist, als der andere: der Beweis, daß mein Gegner es zu einem gewaltsamen Widerstande würde haben kommen lassen, wenn ich erschienen wäre, und der, daß das Motiv, warum ich nicht erschien, nicht in Bequemlichkeit, sondern in der Furcht vor persönlicher Mißhandlung bestanden habe?

Die römischen Juristen vermieden diese Schwierigkeiten einfach dadurch, daß sie das Interdict in jenem Fall gar nicht gewährten.

Wenn Justinian diese in meinen Augen unzweifelhafte Lücke ausfüllte und dem Besitzer die Mühe und Gefahr ersparte, sich erst persönlich dejiciren zu lassen, so hat er meines Erachtens sehr wohl daran gethan, und wenn Puchta (Pandekten §. 135 Not. c.) dies eine „Bahn der Willkühr" nennt, weil hier „zwei wesentliche Voraussetzungen: erlittene Gewalt und Verlust des Besitzes fehlten", so möchte hier der Vorwurf mehr den Tadler, als den Getadelten treffen. Denn in Bezug auf die letztere Voraussetzung übersieht Puchta, daß der Besitz, wenn der Besitzer nichts thut, ihn zu behaupten, verloren geht (XIV), und in Bezug auf erstere reducirt sich seine Ansicht im Grunde auf die naive Zumuthung an die Besitzer, ihre Haut zu Markte zu tragen und mit blutigen Köpfen sich das Interdict zu verschaffen, lediglich um den Schulbegriff der vis zu retten. Das Leben möchte über das Werthverhältniß beider Güter, die hier auf dem Spiele stehen, etwas anders denken!

Ich schließe hiermit die Darstellung der Entwickelung des int. unde vi im neuern Recht. Ob man dieselbe als analoge Ausdehnung dieses Interdicts oder mit dem quellenmäßigen Ausdruck als int. oder act. momentaneae poss. bezeichnen will, ist gleichgültig, der Name thut nichts zur Sache. Wie man diese Entwickelung zu ignoriren oder zu bestreiten vermag, ist mir unbegreiflich, und wenn Savigny dies gleichwohl gethan und mit einem Erfolge, daß bei den meisten seiner Nachfolger von ihr gar nicht mehr die Rede ist[129]), so ist mir das nur ein glänzendes Zeugniß für die Macht vorgefaßter Meinungen und für den verhängnißvollen Einfluß, den auch in unserer angeblich so kritischen Zeit die Autorität eines gefeierten Namens auszuüben vermag. Verhängnißvoll nenne ich ihn,

129) Höchstens dürfte Sintenis, Gem. Civilrecht II. §. 124 Anm. 48 zu nennen sein, der die act. spolii an die act. moment. poss. anzuknüpfen sucht, ohne aber von letzterer selbst eine zutreffende Vorstellung zu haben; sodann Brinz, Pandekten I. S. 86.

denn ich betrachte das, was man dabei von späterm Recht über Bord wirft, für eine der wenigen selbständigen werthvollen Leistungen der spätern Kaiserzeit. Die Entwickelung, welche sich darin vollzieht, ist der Uebergang von der beschränkten Form des Unrechts in Gestalt der vis zu dem Gedanken des Unrechts schlechthin, der „quaecunque injusta causa amissionis", wie es bei der act. spolii hieß. Die Aehnlichkeit, die in dieser Beziehung zwischen unserem Rechtsmittel und der letzten Klage obwaltet, liegt auf der Hand[130]), und gerade dieser Umstand, der in den Augen Mancher allein schon ausreichen wird, dasselbe zu discreditiren, gereicht ihr in den meinigen zur Empfehlung. Denn wer nicht von vornherein jede Umgestaltung der römischen Besitztheorie durch eine spätere Zeit als eine durch Mißverständniß und Unkenntniß bewirkte Corruption und Verirrung, als Abfall vom allein seligmachenden Evangelium der römischrechtlichen Theorie betrachtet, sondern wer gleich mir von der Ueberzeugung durchdrungen ist, daß eine Rechtsbildung, die nicht vorübergehend einmal auftaucht und dann wieder verschwindet, sondern die sich über viele Jahrhunderte hinzieht und trotz allen Widerspruchs sich hartnäckig behauptet, aus unwiderstehlichen praktischen Impulsen hervorgegangen sein muß, wird in der Thatsache, daß der obige Gedanke zweimal zu ganz verschiedenen, weit aus einander liegenden Zeiten und, wie es scheint, das zweite Mal völlig unabhängig vom ersten, sich seine Geltung zu verschaffen versteht, nur den Beweis seiner inneren Berechtigung und seiner zwingenden Kraft erblicken. Und wie mag man diese Berechtigung verkennen? Man lasse einmal das sogenannte wissen-

---

130) Sie wird auch von den ältern Juristen ausdrücklich hervorgehoben, z. B. Cujacius, Obs. XIX, 16: generale interdictum restitutorium momentariae possessionis, quod hodie beneficium redintegrandae possessionis vocamus. Perez l. c. §. 14.

schaftliche Interesse, das in der Gefährdung der von den römischen Juristen ererbten Begriffe nur zu gern sich selbst bedroht sieht, vorübergehend außer Augen und lege sich unbefangen die Frage vor, ob es denn irgendwie zu rechtfertigen ist, daß in solchen Fällen, wo die Entziehung des Besitzes unter den Begriff der vis fällt, der Beweis des bloßen Besitzes genügen, dagegen in allen anderen Fällen der des Eigenthums erfordert werden soll? Erkennt man einmal den Besitz als rechtlich zu schützendes Verhältniß an, warum denn nur der halbe, warum nicht der ganze Schutz? Ist denn die Halbheit des Schutzes, von der sich das alte interd. unde vi nicht freisprechen läßt, etwa ein Vorzug des früheren römischen Rechts, daß man Alles aufbieten müßte, sie aufrecht zu erhalten, oder ist sie nicht vielmehr eine Unvollkommenheit, der man nur in sofern eine gewisse historische Berechtigung zugestehen muß, als die römischen Juristen, gebunden durch die Fassung des Interdicts, nicht im Stande waren, bei der Interpretation desselben dem Begriff der vis eine Ausdehnung zu geben, welche ihn selber aufgehoben haben würde? Wenn die römische Jurisprudenz über das vi, clam, precario beim Besitz nicht hinausgekommen ist, so erblicke ich darin nicht den Ausdruck ihrer Ueberzeugung, daß diese Grenze in der Natur des Besitzes selber begründet sei, wie dies Manche annehmen, sondern lediglich das Resultat gegebener historischer Verhältnisse: der traditionellen Fixirung der possessorischen Interdicte auf die drei vitia possessionis. Wenn man bedenkt, wie diese Dreitheilung mit dem ganzen System bis in's Innerste und Kleinste hinein verwachsen war, wie sie überall in allen Formeln wiederkehrte, so wird man begreifen, daß man zu einer Zeit, wo noch das Proceßsystem in voller Blüthe stand, daran nicht rütteln konnte, ohne letzteres in allen seinen Theilen zu erschüttern. Für die spätere Kaiserzeit war dies Bedenken hinweggefallen, und wenn diese sich der ihr gewordenen Freiheit bediente, um die Grenzen des Besitzesschutzes über den Begriff der vis hinaus zu erweitern, so verdient dies statt Tadel und Widerstand im Gegentheil Anerkennung und bereitwilligste Aufnahme, ja, ich behaupte sogar, daß sie damit, weit entfernt, mit der Idee des Besitzes, wie sie vom früheren Rechte erfaßt und ausgeprägt war, in Widerspruch zu treten, dieselbe umgekehrt von einem innern Widerspruch befreit hat. Denn als einen solchen Widerspruch muß ich es bezeichnen, wenn der Erbe in Bezug auf den Besitz günstiger gestellt ist als der Erblasser. Ich habe bereits oben die possessorische Function der **her. pet.** hervorgehoben, und was von ihr gilt, gilt auch von den **interd. adipisc. poss.** des Erben: dem **interd. quorum bonorum**, **quod legatorum** und dem **Remed. ex lege ult. Cod. de edicto Divi Hadriani tollendo.** Nun vergleiche man einmal die rechtliche Stellung, welche diese Rechtsmittel dem Erben, mit derjenigen, welche die possessorischen Interdicte dem Erblasser gewähren. Während jener gegen alle Personen, die sich den Besitz der erbschaftlichen Sachen angeeignet haben, possessorische Rechtsmittel erhält [130a]): gegen diejenigen, welche es auf Grund eines angeblichen oder wirklichen Legats gethan haben, das **interd. quod legatorum**; gegen diejenigen, die es auf Grund eines angeblichen Erbrechts oder ohne allen Grund gethan haben, die **hered. petitio**, das **interd. quorum bonorum** und das genannte **Remedium**, so wird der Erblasser nur gegen denjenigen geschützt, der ihm gewaltsam den Besitz entzogen hat. Man wende nicht ein, jene Rechtsmittel der Erben seien **adipiscendae**, die des Erblassers aber **recuperandae poss.**

130a) Ueber die Berechtigung, sie mit diesem Namen zu belegen, habe ich mich oben S. 71 u. fl. ausgesprochen.

Denn das adipisci in der Person des Erben bezweckt nur ein recuperare des Besitzes des Erblassers, und nur darum erhält die beabsichtigte Wiedererlangung des Besitzes die Form der Erlangung, weil nach der römischen Besitztheorie der Besitz mit dem Tode des Erblassers unter- und nicht ipso jure auf den Erben übergeht[130b]). Der Grund aber dieses seines Anspruchs ist kein anderer als der ehemalige Besitz des Erblassers; dieser, nicht das Eigenthum bildet den Gegenstand des Beweises. Wenn aber der Erblasser selber oder der Erbe, nachdem er bereits den Besitz ergriffen hat, in die Lage kommt, den ihm unrechtmäßigerweise entzogenen Besitz zurückzufordern, so soll jene Vergünstigung der Beweiserleichterung ihm bloß dann zu Theil werden, wenn die Entziehung des Besitzes von der anderen Seite unter den Gesichtspunkt der vis fällt! Angenommen, der wahre oder vermeintliche Legatar eignet sich den Besitz der Sache an, läßt sich z. B. vom Pächter das Grundstück tradiren, bevor der Erbe den Besitz der Masse ergriffen, so kann letzterer mit dem int. quod legatorum die Rückgabe des Besitzes erzwingen, denn letzteres ist ganz allgemein darauf gestellt: quod quis legatorum nomine non ex voluntate heredis occupavit (l. 1 §. 2 quod leg. 43. 3). Geschieht dasselbe dagegen bei Lebzeiten des Testators, oder nachdem der Erbe sich bereits in Besitz gesetzt hat, so sind beide, soweit sie nicht eine vis auf gegnerischer Seite behaupten können, genöthigt, petitorisch zu klagen. Welcher Widerspruch! Muß der Mensch erst sterben, damit die Idee des Besitzesschutzes zu ihrem vollen Recht gelange, muß der Besitz und damit die Möglichkeit einer Be-

130b) Ebenso bei dem in l. 2 §. 3 de interd. (43. 1) erwähnten int. adipiscendae possessionis: quo itinere venditor usus est, quominus emtor utatur, vim fieri veto; s. auch l. 1 §. 37 de aqua (43. 20).

schränkung seines Schutzes auf die Voraussetzung der vis erst hinwegfallen, damit der obige Grundsatz: quod quis non ex voluntate (ejus, ad quem res pertinet,) occupavit, restituat zur Geltung gelange? Dann ist der ehemalige Besitz wirksamer als der gegenwärtige, die Aufhebung desselben ein Gewinn, die Fortdauer desselben eine Last! Man wird an den Wachtposten erinnert, der die Leute, welche einen Paß vorzeigen konnten, zur Revision desselben in das Wachtlokal dirigirte, diejenigen aber, welche keinen hatten, frei passiren ließ!

Und ein so schreiendes Mißverhältniß in den Wirkungen des ehemaligen und des gegenwärtigen Besitzes sollte durch die Idee des Besitzes geboten sein? Wir räumen ein, daß dasselbe im früheren römischen Recht begründet war. Aber wenn die römischen Juristen sich desselben nicht erwehrten, so lag der Grund nicht darin, weil sie nicht anders wollten, sondern, wie bereits mehrfach bemerkt, weil sie nicht anders konnten. Unsere heutige Wissenschaft aber, welche durch die oben nachgewiesene Entwickelung der Besitzrechtsmittel in der spätern Kaiserzeit die nöthige Freiheit erlangt hat, um sich von jener historischen Beschränktheit zu emancipiren, versündigt sich an sich selber und am praktischen Leben, wenn sie in blinder Anhänglichkeit an die Theorie der römischen Juristen sich unter die alten Fesseln zurückbegibt, wenn sie, anstatt dieselben zu erkennen als das, was sie sind, und sich zu freuen, daß sie gefallen sind, ihren ganzen Scharfsinn aufbietet, sie zu rechtfertigen und als Etwas darzustellen, was gar nicht anders sein könne. Was wir ihr entgegensetzen, ist der einfache Satz: der Besitz, der als rechtliches Verhältniß einmal anerkannt ist, verlangt nicht halben, sondern ganzen Schutz; für das Interesse und das Recht des Besitzes muß es gleichgültig sein, in welcher Weise derselbe verletzt wird, ob durch Gewalt oder auf andere Weise, und dieselbe Allgemeinheit des Besitzesschutzes, die in der Richtung auf Anerkennung und Aufrechthaltung des Besitzes in den int. retin. poss. verwirklicht ist, muß ebenso für die interd. recup. poss. postulirt werden. Nur dadurch gewinnt der ganze Besitz einen harmonischen Abschluß, nur dadurch wird er das, was er sein soll und ist: eine Schutzwehr des Eigenthümers gegen Alle, welche unmittelbar in die Thatsächlichkeit seines Rechts eingreifen.

Der im Bisherigen erwähnte Fall der hered. pet. war nicht der einzige, wo schon das ältere Recht den Begriff der Vitiosität des Besitzes nicht auf die drei traditionellen Voraussetzungen der possessorischen Interdicte: vi, clam, precario beschränkt, sondern ihn ganz allgemein gefaßt hatte, es gesellte sich vielmehr noch ein anderes Verhältniß hinzu, wo sich dieselbe Erscheinung wiederholte: der Besitz der Freiheit von Seiten eines Sklaven. Die Formel lautete hier nicht „vi, clam, precario", sondern „sine dolo malo in possessione libertatis fuisse" — ein Gesichtspunkt ebenso allgemein, wie das pro possessore possidere bei der hered. pet.[131]).

Es bleibt uns noch übrig, das Princip des recuperatorischen Besitzesschutzes, wie es sich in den oben angegebenen einzelnen Entscheidungen der spätern Kaiser verwirklicht hat, genauer zu bestimmen und zu formuliren. Die dem älteren Recht bekannten drei speciellen Gründe: vi, clam, precario sind erweitert zu dem generellen Begriff der injusta possessio, wie er dem Besitz des pro possessore possidens bei der her. pet. und der Spolienklage des Mittelalters („quaecunque injusta causa amissionis possessionis") zu Grunde liegt, und es läßt sich hier ganz dieselbe Formel gebrauchen, deren sich der Prätor

---

131) S. darüber die l. 7 §. 5. l. 10, 11, 12 de lib. causa (40. 12).

bei dem int. quod legatorum bediente: quod quis non ex voluntate (actoris) occupavit — Besitzaneignung wider Willen des Besitzers. Unter diesen Gesichtspunkt fallen alle obigen Fälle: der Irrthum sowohl des Occupanten wie des bisherigen Besitzers (soweit es sich dabei um einseitige Besitzentziehung und nicht etwa um durch Irrthum veranlaßte Besitzübertragung handelt), die Erschleichung des Besitzes durch Collusion mit dem Stellvertreter oder durch illegalen obrigkeitlichen Befehl, die Aneignung des Besitzes an Grundstücken Abwesender. Dagegen sind ausgeschlossen alle Fälle des Besitzverlustes, die sich auf Tradition von Seiten des Besitzers stützen, sei letztere immerhin auch auf eine Weise bewirkt, welche eine Anfechtung des Akts zuläßt, z. B. mittelst Zwang oder Betrug. Die Grenzen werden freilich im einzelnen Fall zweifelhaft sein können, so insbesondere im Fall des Zwanges. Ist es metus oder vis, wenn Jemand durch Androhung von Thätlichkeiten uns zwingt, den Besitz des Hauses zu räumen? Im ersten Fall findet die act. quod metus causa, im letztern das interd. unde vi Statt. Das Interesse der Verschiedenheit der Klage ist bekanntlich kein unbedeutendes, bei der ersteren sind petitorische Einreden zulässig [132]), bei der letzteren ausgeschlossen. Processualisch möchte die Wahl der letztern Klage in den wenigsten Fällen des Erfolges ermangeln, denn zum Beweise der vis reichen Drohungen und Gewaltthätigkeiten, wie sie in beiden Fällen vorkommen, vollkommen aus [133]), und Sache des Beklagten wäre es, den Nachweis zu liefern, daß eine wirkliche Tradition

---

132) S. z. B. l. 12 §. 2 quod met. (4. 2).

133) Daher wird sowohl bei der act. quod met. causa der Ausdruck vis wie beim int. unde vi der Ausdruck metus gebraucht; s. z. B. l. 3. l. 14 §. 2 quod met. (4. 2) und l. 1 §. 29 de vi (43. 16).

vorgekommen sei. Dasselbe dürfte auch von dem Fall einer durch gesetzwidrige obrigkeitliche Verfügung bewirkten Exmission gelten (S. 97); auch hier gehen vis und **metus** in einander über, aber auch hier wird, wenn der Implorant durch freiwillige Räumung der Anwendung von Gewaltmaßregeln vorgebeugt hat, die Zulässigkeit des **int. unde vi** gegen den Immitirten nicht zu beanstanden sein.

Das aufgestellte Princip geht über die Voraussetzung des Delicts, die der Verschuldung in der Person des Beklagten, hinaus. Wer im Glauben an sein gutes Recht vom Vormunde die Herausgabe der im Besitz des Mündels befindlichen Sachen erwirkt hat, ist in keiner Schuld[134]), ebensowenig wer in Unkenntniß der Grenzen ein Stück vom Lande seines Nachbarn in Cultur genommen hat[135]). Nach bekannten allgemeinen Grundsätzen kann die in dem **int. unde vi** ausgesprochene Verpflichtung zur Leistung des vollen Schadensersatzes gegen sie ebensowenig zur Anwendung gelangen, als gegen die Erben dessen, der sich eine wirkliche vis hat zu Schulden kommen lassen; sie ist bedingt durch eine Verschuldung. Wo letztere fehlt, reducirt sich die Verpflichtung auf Herausgabe dessen, was Beklagter noch in Händen hat. Daß die Voraussetzung der Schuld sich nicht auf den Fall der vis beschränkt, bedarf keiner Bemerkung; wer sich wissentlich des Grundstückes eines Abwesenden bemächtigt, begeht keine vis (S. 100), gleichwohl soll er nach der **l. 11 Cod. h. t.** als

---

134) Daß die l. 7 §. 1 Cod. unde vi (8. 4) nicht bloß den Fall der Collusion betrifft, geht hervor aus den Worten: habito plerumque colludio.

135) Daß die l. 11 Cod. h. t. nicht das Gegentheil verfügt, lehrt der Augenschein. Justinian hat hier nicht Diejenigen im Auge, die irrthümlich, sondern die wissentlich fremdes Land occupiren und den Irrthum bloß als Vorwand benutzen.

„praedo" gelten, und sollen gegen ihn „alle Bestimmungen des ältern Rechts gegen derartige Personen Anwendung finden".

Ob nun die hier entwickelte Theorie, die in ihrem Kern ganz die alte Lehre von dem „generale restitutorium interdictum" des Cujaz ist, und nur das einzige Verdienst einer sorgfältigeren Begründung derselben beansprucht, — ob nun diese Theorie, sage ich, den Vorwurf verdient, den Savigny (S. 466) ihr macht, daß „nach ihr das neue Recht der possessorischen Klagen ebenso unbestimmt und willkührlich wäre, als das alte Recht bestimmt und zusammenhängend war," wird für den vorurtheilslosen Leser nicht schwer zu beantworten sein. „Unbestimmt" ist sie um nichts mehr und um nichts weniger als die Theorie der her. pet. und der oben genannten possessorischen Interdicte der Erben; sie bezweckt nichts Anderes, als dem Besitzesschutz für Lebende dieselbe Ausdehnung zu geben, die jene Rechtsmittel für den Todesfall gewährten, und ich wüßte nicht, daß bisher irgend Jemand sich über die Unbestimmtheit derselben beschwert hätte. Der Begriff des „pro possessore possidere" ist weiter als der des „vi possidere", aber weit und unbestimmt ist nicht gleichbedeutend, und ich meinerseits finde den im Bisherigen begründeten Begriff: Besitzaneignung ohne oder wider Willen des Besitzers ungleich bestimmter, als den von Savigny entwickelten Begriff der vis, der, nachdem er an der einen Stelle als „unmittelbar persönliche (d. h. gegen die Person gerichtete) Gewaltthätigkeit" definirt ist (S. 429), zwei Seiten später (S. 431) elastisch genug ist, einen Fall, wo es an jeder persönlichen Gewalt völlig fehlt (s. oben S. 103), in sich aufzunehmen. Was den Vorwurf der Willkührlichkeit betrifft, den Savigny gegen die obige Theorie erhebt, so möchte er ebensowenig stichhaltig sein. Wer nicht von vornherein von der fixen Idee ausgeht, daß die Welt über das interd. unde vi des römischen Prätors nicht hinausgehen dürfe, daß vielmehr das prätorische Edict für ewige Zeiten den Kanon des juristisch Denkbaren und Zulässigen abgebe, der wird in der Entbindung des recuperatorischen Besitzesschutzes von der Voraussetzung der vis nur einen durch die Interessen des praktischen Lebens und die Idee des Besitzesschutzes gerechtfertigten werthvollen Fortschritt, die Willkühr aber umgekehrt in der Beschränkung dieses Schutzes auf die enge Voraussetzung der vis erblicken. Denn wenn der Besitz einmal geschützt werden soll, warum bloß gegen vis? Was verschlägt es für den Besitzer, in welcher Weise ihn sein Gegner um den Besitz bringt? Der Schwerpunkt des Besitzes liegt doch, denke ich, im Besitzer selbst, nicht in seinem Gegner! Aber freilich wenn man diesen Satz umkehrt und das natürliche Verhältniß auf den Kopf stellt, wie die Savigny'sche Besitztheorie es thut, dann erklärt es sich, daß das Natürliche unnatürlich und das Unnatürliche natürlich erscheinen muß. Derselbe Gelehrte, der die von uns entwickelte Ansicht als eine undenkbare Corruption der römischen Besitztheorie mit Geringschätzung zurückweist, zieht und zerrt, wie soeben gezeigt, den Begriff der vis in einer Weise, daß er seiner eigenen Definition Hohn spricht, und findet keinen Anstoß daran, daß Justinian in der oben besprochenen l. 11 Cod. unde vi im Fall eines bereits vorher verloren gegangenen Besitzes das int. unde vi gegeben haben soll — ein Besitzrechtsmittel ohne Besitz, ein interd. unde vi ohne vis! Gegenüber dieser Abnormität, welche die Grundidee des ganzen Besitzes Preis giebt, einen Besitz schützt, wo keiner da ist, möchte doch die von uns geschilderte Entwicklung des int. unde vi im spätern Recht keine Ursache haben, sich vor dem Vorwurf der „Willkührlichkeit" scheu zu verkriechen.

Es bleibt mir schließlich noch übrig, die Frage aufzuwerfen, ob das gewonnene Resultat sich bloß auf unbewegliche oder auch auf bewegliche Sachen bezieht. Wäre die Behauptung Savigny's richtig, daß das **int. unde vi** durch Aufnahme der für beide Arten von Sachen gleichmäßig geltenden **l. 7 Cod. unde vi (8. 4)** von Valentinian über die Strafen der Selbsthülfe in den Titel: **unde vi** stillschweigend auf bewegliche Sachen ausgedehnt worden sei, so würde die von uns nachgewiesene Erweiterung des Besitzesschutzes auch für letztere Platz greifen. Ich halte diese Behauptung mit fast allen anderen Juristen für unhaltbar[136]). Andererseits aber erscheint mir das Bedürfniß dieses erweiterten Schutzes bei beweglichen Sachen nicht minder dringend als bei unbeweglichen. Wie leicht kann eine bewegliche Sache auf unrechtmäßige Weise in fremden Besitz kommen, ohne daß die Voraussetzung einer „**vitiosa possessio**" im technischen Sinne der römischen Juristen vorliegt. Fremde Tauben sind mir zugeflogen, ein fremder Hund ist mir zugelaufen, eine fremde Sache ist bei mir stehen geblieben oder aus Versehen bei mir abgeliefert. In allen diesen Fällen habe ich weder **vi** noch **clam** mir den Besitz angeeignet; ist dies also die Voraussetzung des gegnerischen Besitzesschutzes, so fällt derselbe hier hinweg. Im ältern Recht gewährte das **interd. utrubi** Abhülfe; durch die Gleichstellung dieses Interdicts mit dem **uti possidetis** ist dies leider beseitigt. Wird der Ausfall vielleicht durch andere Klagen gedeckt? Schwerlich! Die Delictsklagen wegen unrechtmäßiger Aneignung fremder Sachen (**cond. furt., act. furti, act. vi bon. rapt.**) reichen nicht aus; die Vorenthaltung der fremden Sache fällt keineswegs immer unter den Begriff des **furtum**, man denke z. B. an den Fall, daß mein Gegner die Thatsache, daß der Hund ihm zugelaufen,

---

136) Die gewichtigen Bedenken, welche dagegen mehrfach erhoben sind (zuletzt von Bruns a. a. O. S. 74—77) sind m. E. weder von Savigny selber (S. 438 fl.), noch von Rudorff (704) beseitigt.

mir selber anzeigt, wegen irgendwelcher Ansprüche aber, z. B. wegen eines Noxalanspruches oder angeblichen eignen Eigenthums die Herausgabe desselben verweigert. Ob die act. ad exhibendum in einem solchen Fall zum Ziele führen dürfte, ist mir ebenfalls sehr zweifelhaft, denn der entscheidende Vorzug der possessorischen Klagen, daß weder das Interesse des Klägers, noch das eigene Recht des Beklagten einen Gegenstand der Verhandlung abgeben kann, fällt bei ihr hinweg [137]). Dasselbe Bedenken habe ich gegen die condictio possessionis, auf welche Bruns (a. a. O. S. 75) verweist. Es unterliegt allerdings keinem Zweifel, daß wie jede condictio, so auch die ob injustam causam oder sine causa statt auf's Eigenthum auf den Besitz gestützt werden kann [138]), und der Begriff der injusta causa oder der völlig mangelnden causa (sine causa) paßt auch auf die Fälle der unrechtmäßigen oder grundlosen Vorenthaltung der Sache. Allein auch dieser Klage gegenüber darf man dem Beklagten weder den Einwand des mangelnden Interesses des Klägers, z. B. daß letzterer selbst die Sache gestohlen (S. 15, 50), noch den des eignen Eigenthums abschneiden [139]), und damit geht wiederum ein Hauptvortheil, den die possessorischen Rechtsmittel gewähren, verloren — der Beklagte hat Gelegenheit, durch Vorschützung nichtiger Einreden, mit denen er im Besitzprozeß gar nicht gehört wird, die Sache in die

137) l. 3 §. 11 ad exh. (10. 4) ... alioquin et fur et raptor poterit, quod nequaquam verum est. l. 31 §. 1 Dep. (16. 3) .. non est ex fide bona rem suam dominum praedoni restituere compelli.

138) l. 1 §. 1; l. 2 de cond. trit. (13. 3). l. 25 §. 1 de furt. (47. 2).

139) Wie Rudorff (Savigny S. 712) die entgegengesetzte Behauptung auf die l. 1 §. 1, l. 2 de cond. trit. (13. 3). l. 13 §. 1 Dep. (16. 3). l. 25 §. 1 de furt. (47. 2) stützen will, ist mir unverständlich.

Länge zu ziehen. Das Bedürfniß, dem Besitzer auf possessorischem Wege zu seiner Sache zu verhelfen, behält also sein volles Gewicht.

Unsere Praxis hat dies von Alters her richtig erkannt und in der act. spolii eine Abhülfe gesucht, indem sie dieselbe auf alle Fälle der unrechtmäßigen Besitzaneignung ausdehnte [140]), und neuere Gesetzgebungen haben sich ihr angeschlossen [141]). In unserm Jahrhundert ist freilich die act. spolii in Folge des Verdammungsurtheils, das Savigny vom Standpunkt der einseitig romanistischen Theorie über sie fällte, in Mißcredit gekommen, und es mag fast als ein Wagniß erscheinen, ihr das Wort zu reden. Gleichwohl nehme ich keinen Anstand, meine Ueberzeugung auszusprechen, daß die mittelst dieser Klage bewerkstelligte Ausdehnung des Besitzesschutzes auf alle Fälle des Besitzverlustes ohne oder wider Willen des Besitzers ein durch und durch gesunder, praktischer Gedanke war, unendlich viel gesunder, als jene doctrinäre Prüderie, welche die Theorie der römischen Juristen um jeden Preis aufrecht erhalten will, ohne zu bedenken, daß mit dem Wegfall des interd. utrubi in seiner ursprünglichen Gestalt in dem römischen Recht selber eine Lücke entstanden ist, die nicht unausgefüllt bleiben kann, ohne die wichtigsten Interessen des Lebens bloß zu stellen. Bei beweglichen Sachen beruht praktisch in vielen Fällen der Eigenthumsschutz lediglich auf dem Besitz; Versagung des Besitzesschutzes bedeutet hier oft geradezu Verlust des Eigenthums (S. 46), Wie kümmerlich aber der Besitzesschutz bei beweglichen Sachen nach der herrschenden Lehre zugeschnitten ist, darüber wird das Urtheil schwerlich ein getheiltes sein können. Man giebt ihn da, wo er überflüssig ist,

---

140) Das Resultat der Entwicklung bei Bruns §. 44, 45.

141) So insbesondere das preuß. Recht, Bruns S. 441, 442.

und versagt ihn da, wo er nöthig ist. Das int. utrubi dient nach Savigny dem Zweck, einen gestörten, aber noch bestehenden Besitz gegen fernere Störungen zu schützen. Ich möchte wissen, wann und wo dasselbe je zur Anwendung gekommen ist! Etwa gegen Diebe und Räuber, die einen mißlungenen Versuch gemacht haben, sich unsere Sache anzueignen? Der einzige Fall seiner denkbaren Anwendung ist der der controversia de possessione (S. 79), und hier müssen nach der Savigny'schen Theorie erst Störungen vorausgehen, damit es möglich werde. Bleiben die Fälle der gewaltsamen oder heimlichen Besitzentziehung, wo Savigny durch das interd. unde vi und die Delictsklagen hilft, während die neuere Theorie, welche den interd. retinendae poss. mittelst consequenter Durchführung des Gesichtspunktes der Duplicität eine recuperatorische Function zu verschaffen weiß, ersteres durch das interd. utrubi ersetzt und diesem dadurch wenigstens eine gewisse praktische Brauchbarkeit sichert. Aber indem auch sie an der Voraussetzung des vitiosen Besitzes im Sinn der römischen Theorie in diesem Fall festhält, beschränkt sie dies Interdict auf solche Fälle, wo es wegen der ebenfalls zur Wahl stehenden Delictsklagen keinen erheblichen Werth hat, und versagt es da, wo es wegen Nichtzuständigkeit der letzteren gerade doppelt nöthig wäre.

Neuerdings hat Bruns [142]) den Versuch gemacht, diese Lücke auszufüllen und für den oben bezeichneten Gedanken der Spolienklage [143]) bereits im justinianeischen Recht einen Anknüpfungspunkt zu suchen. Er glaubt denselben in der l. 11

142) Im Jahrbuch des gemeinen deutschen Rechts von Bekker und Muther B. IV. S. 65.

143) Die legislative Berechtigung desselben hatte er bereits in seinem Werk über den Besitz S. 503 anerkannt.

Cod. unde vi (8. 4) (S. 100) finden zu können, die er mit Savigny auf einen verlorenen Besitz bezieht und in der er den Beweis erblickt, daß „schon die Römer selber es mit dem Wesen einer possessorischen Klage und selbst des int. unde vi für vereinbar hielten, daß sie aus einem ohne fremdes Unrecht verlorenen und erst nach dem Verluste von einem Dritten occupirten Besitze angestellt würden". Obschon Justinian selber bei dem Gesetz wohl nur unbewegliche Sachen im Auge gehabt habe, so paßten doch das Princip des Gesetzes sowohl wie seine Worte ebenso gut auf Mobilien, als auf Immobilien, und es „gehe hiernach die Zulassung der Besitzklagen bei Verlust des Besitzes ohne fremde Gewalt nach der späteren römischen Auffassung durchaus nicht über das Wesen der possessorischen Klagen hinaus, sei vielmehr schon selbst als römisches Recht anzusehen."

Ohne mich mit dieser Art der Begründung einverstanden erklären zu können (s. oben S. 101 fl.), kann ich doch nur wünschen, daß die Praxis den gesunden Gedanken der Spolienklage, der die Erfahrung und Rechtssprechung eines halben Jahrtausends für sich hat, für bewegliche Sachen wieder aufnehmen möge. Da derselbe in Bezug auf unbewegliche Sachen nach meinen obigen Untersuchungen durch die Umgestaltung des interd. unde vi im neuern Recht vollständig verwirklicht worden ist, so kommt es nur darauf an, einen Gesichtspunkt zu finden, um das, was jene Entwicklung für die unbeweglichen Sachen zu Wege gebracht hat, auch den beweglichen zuzuwenden. Aber, wird man fragen, wenn die spätere Gesetzgebung dies für angemessen gehalten hätte, warum hat sie es nicht selber gethan? Die Antwort liegt in Folgendem.

Für bewegliche Sachen galt damals noch das interd. utrubi in seiner alten Gestalt [144]), welches dem Besitzer gegen

144) S. z. B. die l. 1 Cod. Theod. Utrubi (4. 23) aus dem Jahre 400, wo dasselbe wegen zugelaufener Colonen gegeben wird.

jeden Besitzverlust Schutz gewährte, vorausgesetzt, daß dasselbe zeitig genug erhoben ward. Die beweglichen Sachen waren mithin in ihrem Schutz den unbeweglichen weit voraus, und die ganze Entwicklung des interd. unde vi, kann man sagen, hatte nur den Zweck, diesen Vorsprung auszugleichen. Hat nun die (mir stets räthselhaft gebliebene) Gleichstellung des int. utrubi und uti possidetis dies Verhältniß gänzlich auf den Kopf gestellt? Justinian hat sich darüber nicht ausgesprochen, aber es ist schwer zu glauben. Es dürfte sich vielleicht folgender Weg einschlagen lassen, um den beweglichen Sachen das scheinbar verlorene Terrain wieder zu verschaffen. Nach bekannten neueren Untersuchungen kann der possessor justus den possessor injustus statt mit einem recuperatorischen Interdict auch mit dem interd. retinendae poss. auf Herausgabe des Besitzes belangen [145]). Die oben nachgewiesene Erweiterung des Begriffs der vis zur possessio injusta im ganz abstracten Sinn muß aber wie für das interd. unde vi, so auch für das interd. uti poss. zur Anwendung gelangen, und da für das interd. utrubi wiederum dasselbe gelten soll, wie für jenes Interdict, folgeweise auch für dieses. Der Gedanke des Schutzes des Besitzes gegen jede unrechtmäßige Entziehung, wie er sich in der spätern Entwicklung des interd. unde vi verwirklichte, ist ein ganz allgemeiner Gedanke, für dessen Beschränkung auf unbewegliche Sachen sich kein anderer Grund geltend machen läßt, als seine historische Beziehung zu dem interd. unde vi, — eine Beschränkung, die sich aus dem damaligen völlig ausreichenden

---

145) Gilt dies für den Fall, daß Beklagter noch besitzt, so muß es ebensogut für den Fall gelten, daß er den Besitz selber aufgegeben hat, das Gegentheil steht mit dem bekannten Grundsatz: dolus pro possessione est in Widerspruch.

Besitzschutz der beweglichen Sachen zur Genüge erklärt und durch die im justinianeischen Recht vollzogene Gleichstellung der beweglichen und unbeweglichen Sachen für die **interdicta retinendae poss.** als aufgegeben zu betrachten ist.

Mein Gesammtresultat besteht mithin darin: sowohl für bewegliche als unbewegliche Sachen gilt im heutigen Recht, und zwar schon nach Grundsätzen des justinianeischen Rechts der Satz, daß der Besitzer gegen jede Besitzaneignung von Seiten eines Dritten, die sich nicht (wie im Fall des **dolus** oder **metus**) auf seinen eigenen Willen zurückführen läßt, possessorischen Schutz beanspruchen darf; die näheren Umstände dieser Besitzaneignung, ob sie gewaltsam oder heimlich oder aus Irrthum geschah, ob **dolus** oder Versehen einer dritten Person dabei mitwirkte, sind dabei völlig gleichgültig, Kläger hat nichts zu beweisen als seinen bisherigen Besitz und die Art, wie derselbe von ihm an den Beklagten gelangte.

X.

Die Eigenthumsidee im materiellen Besitzrecht.

1. Extensive Congruenz des Besitzes und Eigenthums.

Die Aufgabe der folgenden Abschnitte dieser Abhandlung (X—XIV) besteht in dem Nachweis, daß das im Bisherigen nachgewiesene Motiv des Besitzesschutzes die ganze Gestaltung der Besitzeslehre bestimmt hat, daß die Beziehung des Besitzes auf das Eigenthum derjenige Gesichtspunkt gewesen ist, durch welchen sich die römischen Juristen bei Entwerfung der Besitztheorie haben leiten lassen. Scheinbar gehen die folgenden Ausführungen weit über die Gränzen meines Thema's hinaus, in Wirklichkeit aber enthalten sie nur die Vervollständigung und die

Probe der Grundidee meiner ganzen Abhandlung. Ist der Besitz, wie ich ihn auffasse, ein an sich juristisch bedeutungsloses Verhältniß, das erst vom Eigenthum eine reflectirte juristische Bedeutung erhält, so dreht sich das Verhältniß zwischen Besitz und Besitzesschutz, wie es die bisherige Lehre auffaßte, geradezu um. Während letztere nämlich vom Besitz ausgeht und von ihm zum Besitzesschutz als einer Consequenz desselben gelangt, die Frage von den Voraussetzungen des Besitzes mithin rein der Anschauung desjenigen thatsächlichen Verhältnisses zur Sache entnimmt, welches wir im Leben als Besitz bezeichnen, so ist mein Weg der gerade entgegengesetzte. Beginnend mit dem Eigenthum, gelange ich zuerst zum Besitzesschutz und sodann erst zu dem Besitz. Für mich ist also die Lehre von den Voraussetzungen des Besitzes nicht durch ihn selber gegeben, sondern ausschließlich bestimmt durch den praktischen Zweck des Besitzesschutzes, und was auch immerhin der Besitz nach der natürlichen Auffassung des Lebens sein möge, wo er ihr zufolge vorhanden sei, oder wo er fehlen möge, kommt gegenüber denjenigen Rücksichten, die aus jenem Zweck sich ergeben, gar nicht in Betracht. Der Gegensatz des juristischen und natürlichen Besitzes hat daher nach meiner Theorie nichts Auffälliges, nach der Savigny'schen ist er in manchen Anwendungen ein reines Räthsel.

Der bestimmende Einfluß, den das Eigenthum meines Erachtens auf die Gestaltung der Besitzeslehre ausgeübt hat, äußert sich nach zwei Richtungen:

1. in Bezug auf die extensive Erstreckung des Besitzbegriffs, — die Gränzen der Möglichkeit des Eigenthums bilden auch die der Möglichkeit des Besitzes.

2. in Bezug auf die innere Gestaltung des Besitzbegriffs, d. h. auf die Frage vom Dasein oder von den Erfor-

dernissen der Entstehung und Fortdauer des Besitzes — Besitz ist Thatsächlichkeit, Sichtbarkeit des Eigenthums, er liegt da vor, wo das Verhältniß der Person zur Sache ein derartiges ist, wie es für den Eigenthümer die Regel bildet.

Der Nachweis der extensiven Congruenz des Eigenthums und Besitzes erfordert ein Doppeltes:

a) den Beweis, daß der Besitz nicht weiter reicht, als das Eigenthum, — wo kein Eigenthum, da auch kein Besitz;

b) den Beweis, daß er gerade so weit reicht, wie letzteres — wo Eigenthum, da auch Besitz.

a) Wo kein Eigenthum, da auch kein Besitz.

Wo das Eigenthum nicht denkbar ist, weil die Sache nicht Object oder die Person nicht Subject desselben sein kann, würde das Recht mit sich selbst in Widerspruch treten, wenn es das äußerliche Verhältniß der Person zur Sache als thatsächliches Eigenthum interimistisch schützen wollte. Thatsächlich kann Nichts sein, was nicht möglich ist. So erklärt es sich, daß das römische Recht bei mangelnder subjectiver oder objectiver Eigenthumsfähigkeit wegen dieses in der Person oder Sache gelegenen Hindernisses den Besitz ausschließt.

Es ist schon bei der Kritik der verschiedenen Besitztheorieen mehrfach darauf hingewiesen, daß dieser Satz des römischen Rechts sich mit denjenigen von ihnen, welche den Besitz nicht an das Eigenthum anlehnen[146]), schlechterdings nicht verträgt. Was verschlägt die Eigenthumsunfähigkeit der Person oder

146) Anders in der Theorie von Hufeland a. a. O. S. 73, 83, und Thibaut § 210 (s. oben S. 20).

Sache für die Frage, ob die Rechtsordnung oder die Persönlichkeit durch einen Gewaltakt gestört, oder ob der Wille durch Aufhebung des factischen Verhältnisses mißachtet worden ist? Ich erinnere mich nicht, bei irgend einem der Urheber oder Vertheidiger jener Theorieen eine befriedigende Antwort auf diesen Einwurf gefunden zu haben. Savigny beschränkt sich auf die bloße Assertion, daß die Fälle der objectiven und subjectiven Besitzunfähigkeit „unmittelbar aus dem Begriff des Besitzes folgten“ (S. 124), allein er hat auch nicht ein Wort hinzugefügt, um diese Behauptung zu begründen. Alles, was er sagt, ist, daß res extra commercium nicht besessen werden könnten (S. 124), daß es „sehr natürlich sei, wenn die Sklaven des juristischen Besitzes unfähig seien, da sie überhaupt keine Rechte hätten“ (S. 127), und daß auch die Besitzunfähigkeit der Hauskinder aus dem Satz folge, daß sie „kein Vermögensrecht haben könnten“ (S. 126). Was hat denn aber die Vermögensfähigkeit mit dem Savigny'schen Besitzbegriff zu schaffen? Der Besitz ist ja kein Vermögensrecht, sondern nichts als die Staffage für irgend ein gegen die Person gerichtetes Unrecht, und ob diese Staffage ein locus publicus oder privatus ist, kann doch nichts ausmachen?

Es wird vielleicht am förderlichsten sein, wenn wir einmal das Verhältniß des Haussohns zur Besitzesfrage etwas näher in's Auge fassen, und zwar sowohl von der passiven als activen Seite, d. h. den Haussohn sowohl als Object wie als Subject des Besitzes. Daß das thatsächliche Verhältniß des Vaters zum Hauskinde nicht als Besitz aufzufassen sei, wird in der l. 1 §. 8 de poss. (41. 2) ausdrücklich bezeugt und enthält nur eine Anwendung des allgemeinen Satzes, daß freie Personen nicht besessen werden können. Vom Standpunkt meiner Anschauung aus erklärt sich dies sehr einfach, denn das rechtliche Verhältniß über den Haussohn wird nicht, wie das über den Sklaven, als Eigenthum, sondern als patria potestas aufgefaßt, und mit der Möglichkeit der reivindicatio [147]) fällt natürlich auch der Besitzesschutz hinweg. Meine Gegner mögen ebenfalls den Versuch machen, diesen Satz zu erklären. Ist der Sohn weniger in der Gewalt des Vaters als der Sklave in der des Herrn? Factisch doch gewiß nicht! Wenn der Herr sogar an dem entlaufenen Sklaven den Besitz bis auf Weiteres beibehält, wo doch die factische Gewalt geradezu in ein Nichts ausartet, so sollte ich meinen, daß man sie ihm auch an dem seiner Botmäßigkeit unterworfenen Sohn hätte zugestehen können. Oder greift hier der rechtliche Gesichtspunkt modificirend ein? Aber die rechtliche Herrschaft über den Sohn ist ihrer ursprünglichen Idee nach ganz dieselbe, wie die über den Sklaven, sie ist eine potestas so gut wie letztere, und die Abschwächung, welche sie im Laufe der Zeit erfahren, hat ihr diesen Charakter nicht entzogen; auch die potestas über den Sklaven ist im neueren Recht ermäßigt worden, und doch nahm man keinen Anstoß daran, das thatsächliche Vorhandensein derselben nach wie vor als Besitz zu bezeichnen.

Aber die bloße physische Gewalt über den Menschen ist kein Besitz, sonst müßte auch der gefesselte Freie sich in meinem Besitz befinden [148]), denn ob ich ein Thier oder einen Menschen fessele, macht in Bezug auf die thatsächliche Abhängigkeit beider von meinem Willen keinen Unterschied. Nur da nimmt diese physische Gewalt über lebende oder leblose Objecte die Gestalt des Besitzes an, wo die ihr entsprechende rechtliche Gewalt Eigenthum ist.

147) l. 1 §. 2 de R.V. (6. 1).

148) S. dagegen l. 23 §. 2 de poss. (41. 2).

Wenden wir uns der activen Besitzunfähigkeit des Haussohns zu, so läßt auch sie wiederum nur vom Standpunkt unserer Ansicht aus sich befriedigend erklären[149]). Der Haussohn kann nicht besitzen, weil und insofern er nichts Eigenes haben kann; denn was soll ihm das Schutzmittel des Eigenthums, wenn das Eigenthum selber in seiner Person undenkbar ist? Ebendarum ist der filiusfamilias miles in Bezug auf sein peculium castrense besitzfähig[150]), und darum muß consequenterweise für das heutige Recht, soweit dies Hinderniß durch die Entwicklung des Sondervermögens der Kinder im neueren Recht beseitigt ist, das Gegentheil gelten — eine Consequenz, welche schon die Glosse zog und der auch Savigny (S. 126) zustimmt. Auch hier versuche man einmal, einen andern Grund zu finden. Als einzig denkbarer bleibt nur der übrig, daß das persönliche Abhängigkeitsverhältniß, in welches das Hauskind durch die väterliche Gewalt versetzt werde, die Möglichkeit des Besitzwillens ausschließe. Allein wie wenig jenes Abhängigkeitsverhältniß dem Besitzwillen und dem Besitz entgegensteht, zeigt der filiusfamilias miles. Factisch wie rechtlich ist zwischen ihm und dem filiusfamilias paganus in Bezug auf die potestas gar kein Unterschied, und doch

---

149) S. darüber oben S. 14. Ich benutze hier die Gelegenheit, um noch die für die Beurtheilung der Frage nicht unwichtige l. 38 §. 6 de V.O. (45. 1) nachzutragen. Der Jurist wirft sich die Frage auf, ob eine auf „sibi habere licere" gerichtete Stipulation des Haussohns rechtliche Wirknng habe. Indem er dafür zunächst den Grund geltend macht: „auferri res ei et ipse eandem auferre potest", widerlegt er denselben dadurch, daß „non factum, sed jus in hac stipulatione vertitur", gelangt aber schließlich zu dem Resultat: licet juris verba haec contineat stipulatio, tamen sic esse accipiendum, ut in filiofamilias videatur actum esse de possessione retinenda aut non auferenda et vires habeat stipulatio.

150) l. 4 §. 1 de usurp. (41. 3)... usucapiet.

wird dem Einen die Besitzfähigkeit aberkannt, dem Andern zuerkannt. Wie wenig aber das Willensmoment für das Besitzverhältniß des Hauskindes überhaupt in Betracht kommt, zeigt die Entscheidung der l. 44 § 7 i. f. de usurp. (41. 3)[151]). Ein Haussohn hat in Abwesenheit seines Vaters Sachen in dessen Namen gekauft und tradirt erhalten, der Vater stirbt in der Fremde; wie verhält es sich mit dem Besitz? Antwort: von dem Moment des Todes des Vaters an (nicht erst von dem an, wo der Sohn Kunde erhalten) hat letzterer den Besitz gehabt. Warum? Mit jenem Moment ist er sui juris, suus heres und Eigenthümer geworden, und daran schließt sich in den Augen des Juristen als selbstverständliche Folge, daß er auch Besitzer wird. Und doch ist mit seinem Willen nicht die geringste Veränderung vorgegangen; er hält sich nach wie vor für einen Haussohn und will für den Vater detiniren. Nicht also der mangelnde Wille ist es, der den Haussohn vom Besitz ausschließt, sondern seine mangelnde Eigenthumsfähigkeit, mit letzterer erhält er ohne sein Wissen und Wollen die Besitzfähigkeit und den Besitz. Darum würde umgekehrt von den römischen Juristen dem Haussohn, dem die fälschliche Nachricht vom Tode seines Vaters zugekommen wäre, trotz seines Besitzwillens der Besitz abgesprochen worden sein.

Nicht also in der Gewalt liegt das Hinderniß des Besitzes für den Haussohn, sondern in der ihm fehlenden Eigenthumsfähigkeit; wo letztere vorhanden, wie beim filiusfamilias miles, steht erstere nicht entgegen. So gibt uns demnach das Verhältniß des Haussohns einen Beleg für beide

151) Savigny (S. 126) weiß über diese mit seiner ganzen Theorie (vor Allem auch mit der über den animus domini) allerdings unverträgliche Entscheidung nichts weiter zu sagen, als daß sie „etwas besonderes zu sein scheine“.

Sätze, die wir hier zu erweisen haben: **wo kein Eigenthum, auch kein Besitz — wo Eigenthum, auch Besitz.**

Es bleibt mir noch übrig, eines Verhältnisses zu gedenken, bei dem man die Richtigkeit meines obigen Satzes anfechten könnte. **Forum autem et basilicam hisque similia non possident (municipes), sed promiscue his utuntur,** sagt Paulus in **l. 1 §. 22 de poss. (41. 2).** Und doch hat die Stadt Eigenthum an den genannten Objecten; hier fehlt es also an jener angeblichen Deckung zwischen Besitz und Eigenthum! Wenn ich den Vordersatz läugne, so geschieht es nicht erst bei dieser Gelegenheit. Schon bei einer andern Veranlassung [152]) habe ich bestritten, daß das Verhältniß des Staats zu den Gegenständen des Gemeingebrauchs (**res publicae**) als Eigenthum aufzufassen sei, und ich sehe mich genöthigt, da die Gelegenheitsschriften, in denen ich es gethan, muthmaßlich den wenigsten meiner Leser in die Hände gekommen sind, den Kern meiner Ansicht hier zu wiederholen.

Ich gehe davon aus, daß die Begriffe des rechtlichen „Gehörens" („**alicujus esse**") und des Eigenthums nicht zusammenfallen, daß vielmehr mir etwas „gehören" kann, ohne in meinem Eigenthum zu stehen, d. h. ohne den Grundsätzen zu unterliegen, welche für letzteres in Bezug auf Erwerb, Verlust, Schutz, Miteigenthum u. s. w. aufgestellt sind. Mein Haar „gehört" mir, aber welcher Verständige wird mir daran Besitz und Eigenthum zuschreiben [153])? Das wäre ein

---

152) In den von mir im Auftrage der Regierung vom Canton Basel-Stadt verfaßten zwei Gutachten, No. I Leipz. 1862 S. 36—44 No. II Basel 1862 S. 3—20; s. auch meinen Geist des R. R. III S. 336 Note 476.

153) **l. 13 pr. ad leg. Aq. (9. 2) dominus membrorum suorum nemo videtur.**

leeres Spiel mit Begriffen, denn das Praktische der beiden Begriffe: die possessorischen Schutzmittel und die **reivindicatio** können bei diesem Verhältniß gar nicht zur Anwendung gelangen. Erst wenn das Haar nicht mehr einen Theil meines Körpers bildet, fällt es als Sache dem Eigenthumsbegriff anheim.

In diesem Sinne können denn auch dem Einzelnen sowohl wie dem Staat Sachen gehören, ohne daß auf sie die Eigenthumstheorie Anwendung fände. Als Beispiel der ersteren Möglichkeit nenne ich die **res religiosae**, an denen das römische Recht den Begriff des rechtlichen Gehörens ausdrücklich anerkennt und doch die Anwendbarkeit des Eigenthumsbegriffs ebenso ausdrücklich ausschließt [154]. Als Beispiel der zweiten Möglichkeit führe ich die **res publicae** an. Nirgends wird das Verhältniß des Staats zu ihnen von den römischen Juristen als **dominium** bezeichnet, im Gegentheil wird dieser Ausdruck sorgfältig von ihnen vermieden; der Ausdruck „**universitatis, populi Romani esse**“ ist eben so unbestimmt, wie: „**pertinere ad aliquem**“ und wird wie von den **res publicae**, so auch von den **res sacrae** und **religiosae** gebraucht [155]. Dagegen wird die Anwendbarkeit des Eigenthumsbegriffs auf sie umgekehrt klar negirt, indem sie nicht bloß zu dem wirklichen Staatseigenthum (**patrimonium, pecunia, bona populi, fisci**) in Gegensatz gestellt werden [156], sondern auch die Möglichkeit der die Eigenthums-

---

154) Die Belegstellen in meinem Geiste des R. R. a. a. O. S. 335.

155) Frontinus de contr. agror. II (Ausg. der röm. Feldmesser von Blume, Lachmann, Rudorff I S. 56) lucos sacros, quorum solum indubitate populi Romani est und l. 3 pr. §. 8—10 de sep. viol. (47. 12).

156) l. 6 pr., l. 72 § 1 de cont. emt. (18. 1). l. 14 pr. de

fähigkeit der Sache voraussetzenden Begriffe, z. B. der Usucapion, der Servituten, des Kaufs, der Stipulation u. s. w. bei ihnen ausdrücklich in Abrede gestellt wird[157]). Wozu ein Eigenthum, auf welches kein Satz der Eigenthumstheorie Anwendung findet, und dessen reale Benutzung für immer dem angeblichen Eigenthümer (der juristischen Person als solcher) entzogen ist und Personen zusteht, die es nicht haben? Wenn man antwortet: weil der etwaige Nebenertrag (z. B. das Gras auf öffentlichen Wegen) dem Staat zufällt, und weil letzterer die **res publica** aufheben und in gewöhnliches Privateigenthum verwandeln kann, so bemerke ich dagegen, daß ganz dasselbe auch bei den **res religiosae** eintreten kann, ohne daß darum das Recht des Berechtigten an ihnen (**jus sepulcri**[158])) als Eigenthum aufgefaßt würde. Wäre dieser Grund stichhaltig, so müßte man mir auch Eigenthum an meinen Haaren zusprechen.

Wie das Verhältniß des Staats zu den **res publicae** positiv zu bezeichnen sei, ob als Hoheitsrecht, wie Keller[159]) und ihm folgend ich es gethan, oder nicht,

---

A.R.D. (41. 1). l. 2 § 4 Ne quid in loco (43. 8). l. 17 pr. de V.S. (50. 16). Was dem gegenüber die Wendung: res publicae nullius in bonis esse creduntur (l. 1 pr. de R.D. l. 8) und sacrae res et religiosae et sanctae nullius in bonis sunt. (l. 6 § 2 ibid.), bedeutet, sollte doch nicht zweifelhaft sein.

157) l. 83 § 5 de V.O. (45. 1). l. 34 § 1 de cont. emt. (18. 1). l. 1 pr. de S.P.U. (8. 2). l. 9 de usup. (41. 3). l. 2 de via publ. (43. 11).

158) Ueber den Ausdruck: jus sepulcri und jura sepulcrorum s. l. 4 de mort. inf. (11. 8). l. 3 § 9 de sep. viol. (47. 12). l. 4, 6, 8, 13 Cod. de rel. (3. 44).

159) In dem aus Veranlassung des obigen Rechtsstreites erstatteten Gutachten (abgedruckt in dem „Nachtrag zu dem Gutachten betreff. die Baseler Festungswerke (von J. Rüttimann, Zürich 1860) u. in seinen Pandekten § 48.

darüber möge man streiten; genug, es ist kein Eigenthum im Sinne des römischen Rechts, ebenso wenig wie das literarische Eigenthum es ist. Daß die Alternative: Hoheitsrecht oder Eigenthum, in der man die ganze Frage beschlossen wähnt, zu eng ist, sollte doch schon das vom römischen Recht ausdrücklich als Rechtsverhältniß anerkannte Verhältniß juristischer oder physischer Personen zu den res sacrae und religiosae lehren; wer ein Eigenthum des Staats an den res publicae annimmt, möge es auch an jenen Sachen thun und vor Allem Rede und Antwort stehen, welche Sätze der Eigenthumstheorie bei ihnen zur Anwendung gelangen, er wird sich überzeugen, daß ihm schließlich nichts als der bloße Ausdruck Eigenthum — ein Schatten ohne alle Realität — zurückbleibt.

Die obige Ansicht und der von mir im Bisherigen begründete Parallelismus zwischen Besitz und Eigenthum gewinnen durch die oben citirte l. 1 §. 22 de poss. eine sich gegenseitig ergänzende Unterstützung. Indem nämlich diese Stelle den Besitz an den res publicae läugnet und dafür den usus (publicus) substituirt, erkennt sie einerseits den von mir aufgestellten Satz an: wo kein Eigenthum, da ist auch kein Besitz, und gibt dadurch ein neues Argument gegen die Theorie des Staatseigenthums von res publicae. Denn wenn der Staat das Eigenthum an ihnen hat, warum faßte die römische Jurisprudenz nicht die Thatsächlichkeit desselben als Besitz auf und versagte sie dem Staat den für den Eigenthumsschutz so wichtigen Besitzesschutz?

b. Wo Eigenthum, auch Besitz.

Ist der possessorische Schutz ein unentbehrliches Complement des Eigenthumsschutzes, so muß der Besitz dem Eigenthum beständig zur Seite bleiben, wenn im Uebrigen nur die

Voraussetzungen desselben vorhanden sind. Dieser letztere Vorbehalt wird mich gegen den Einwand sicher stellen, daß das Eigenthum ohne Besitz fortdauern könne, denn damit letzterer fortdauere, genügt nicht, daß das Eigenthum selber, sondern daß seine thatsächliche Ausübung fortbestehe.

Fragen wir jetzt, ob die römische Besitztheorie jener Anforderung entspricht, so kenne ich kein Eigenthumsverhältniß, wo der hier postulirte Parallelismus zwischen Besitz und Eigenthum sich verläugnet. Wo Eigenthum angenommen wird, lassen die römischen Juristen immer auch den Besitz zu, ja sogar da, wo sie zu diesem Zweck genöthigt sind, dem Schulbegriff des Besitzes untreu zu werden. Nicht als Beleg der letztern Behauptung, sondern lediglich als Beispiel jenes Parallelismus überhaupt führe ich das Miteigenthum an, das ebenso auf dem Gebiete des Besitzes sein Seitenstück am Mitbesitz findet, wie umgekehrt die Unmöglichkeit eines Miteigenthums in solidum an der Unmöglichkeit des Mitbesitzes in solidum. Zur Bestätigung jener Behauptung dagegen glaube ich auf folgende Verhältnisse verweisen zu dürfen:

1. Besitz der Kinder und der Wahnsinnigen. Warum bei willenlosen Personen einen Besitz annehmen, wenn das Interesse und Motiv desselben lediglich im Willen liegt? Soll man sie künstlich durch Vermittlung der Vormünder in Stand setzen, ein Delict zu erleiden, gegen das sie sonst doch durch ihre natürliche Willensunfähigkeit gesichert wären? Es wäre in meinen Augen um nichts besser, als einem Zahnlosen einen Zahn einsetzen, bloß um ihm die Möglichkeit von Zahnschmerzen zu verschaffen. Wohl dem, möchte ich im Gegentheil ausrufen, der keinen Willen hat, wenn nämlich die rechtliche Bedeutung des Besitzes lediglich darin besteht, das Verhältniß zu sein, in dem der Wille getroffen und verletzt wird! Niemand wird läugnen, daß es eine der

größten Anomalieen in der ganzen Besitzeslehre ist, wenn bei jenen Personen von dem Erforderniß des Willens abgesehen wird. Man wende nicht ein, daß der Stellvertreter sie im Willen vertrete, denn einmal trifft dies für den Fall, daß der Besitzer wahnsinnig wird, nicht zu, wenigstens so lange eine **cura furiosi** noch nicht bestellt ist[159a]), und sodann muß ja auch bei dem Besitzerwerb durch Stellvertreter der Vertretene selber den Besitzwillen haben.

Vom Standpunkte meiner Ansicht aus brauche ich das Phänomen nicht erst zu erklären. Sollten jene Personen nicht nahezu für eigenthumsunfähig erklärt werden, so durfte ihnen die Besitzfähigkeit nicht aberkannt werden; die Theorie hatte sich hier dem praktischen Bedürfniß zu fügen. Ihnen jene Fähigkeit absprechen, hieße, sie im Fall einer gewaltsamen Dejection an Stelle des **interdictum unde vi** auf die **reivind.** verweisen, ja ihnen die Möglichkeit des Eigenthumserwerbs durch Tradition abschneiden, kurz, ihre rechtliche Stellung, anstatt, wie es sonst doch das Recht sich zur Aufgabe gesetzt hat, zu erleichtern, in bedenklichster Weise erschweren.

Das Gesagte gilt ebenso

2. von den juristischen Personen. Auch ihnen

159a) Daß der Besitz hier fortdauert, ist hinsichtlich der einen Wirkung desselben, der Usucapion, in der l. 4 §. 3 und l. 44 §. 6 de usuc. (41. 3) ausdrücklich anerkannt. Der bei der letztern Stelle geltend gemachte Gesichtspunkt: ne languor animi damnum etiam in bonis afferat ist derselbe, den ich sofort im Text benutzen werde, und er schlägt für den Besitzesschutz vielleicht noch in höherm Grade durch als für die Usucapion. Savigny (S. 354) sucht diese Fortdauer aus dem von ihm für den Verlust des Besitzes aufgestellten Gesetz rationell zu rechtfertigen (worauf ich unten zurückkommen werde); der römische Jurist erblickt darin eine Anomalie, die „utilitate suadente“ d. h. aus der angegebenen Erwägung zugelassen worden sei.

fehlte der natürliche Besitzwille, aber das theoretische Bedenken, das einige römische Juristen diesem Umstande entnehmen wollten, um die Möglichkeit eines Besitzes bei ihnen in Abrede zu stellen, ward von der Praxis im richtigen Takt nicht weiter beachtet[160])! Wozu dies, wenn es sich lediglich darum handelte, Besitzdelicte gegen sie zu ermöglichen? Aber es galt einen ernstlicheren Zweck, es handelte sich für sie um die Möglichkeit der Usucapion und die durch den Besitz gewährte Beweiserleichterung bei ihren Eigenthumsstreitigkeiten.

3. Bei der hered. jacens ist zwar die Besitzmöglichkeit völlig ausgeschlossen, allein, es ist bereits früher (S. 71 fl.) ausgeführt, daß das praktische Bedürfniß, dem der Besitz unter Lebenden zu dienen bestimmt ist, bei diesem Verhältniß in anderer Weise, nämlich durch die hered. petitio, seine volle Befriedigung findet.

Eine wesentliche Unterstützung gewinnt die obige Ansicht

4. durch den Quasibesitz. Bis zu welcher Carricatur muß hier der Begriff des Besitzes als der physischen Herrschaft über die Sache verunstaltet werden, wenn man die Idee der realen Verwirklichung des Willens in ihm aufrecht erhalten will. Und wäre dies allenfalls noch denkbar bei denjenigen Verhältnissen, bei denen das römische Recht erwiesenermaßen einen Quasibesitz annimmt, geradezu unsinnig wird es bei denjenigen Verhältnissen des neuern Rechts, auf welche eine vom richtigen Instinkt geleitete Praxis von vielen Jahrhunderten den Begriff des Quasibesitzes ausgedehnt hat. Eben diese Thatsache gilt mir als einer der deutlichsten Fingerzeige, was der eigentlich treibende Gedanke des ganzen Besitzinstituts ist: die Idee einer Beweiserleichterung bei unmittelbaren Eingriffen in ein thatsächlich bestehendes Recht.

---

160) Vergl. l. 1 § 22, l. 2 de poss. (41. 2).

XI.

2. Die Frage vom Erwerb und Verlust des Besitzes. — Kritik der Savigny'schen Theorie.

Ist unser Gesichtspunkt, daß der Besitz die Thatsächlichkeit des Eigenthums sei, der richtige, so wird er sich vor allem an der Lehre von der Entstehung und Fortdauer des Besitzes zu bewähren haben und es läßt sich im voraus die Regel, welche dafür zu gelten hat, dahin angeben:

> Die Art, wie der Eigenthümer thatsächlich sein Eigenthum ausübt, ist der Maßstab für das Dasein des Besitzes.

Ich glaube den Nachweis führen zu können, daß diese Regel für das römische Recht vollkommen zutrifft, und daß sie allein uns von den Widersprüchen und Schwierigkeiten befreit, die mit der Savigny'schen Formulirung der Voraussetzungen für die Entstehung und den Untergang des Besitzes verbunden sind, und die man wohl nur aus dem Grunde so wenig beachtet hat, weil man keinen Ausweg fand ihnen zu entgehen. Keine Parthie der Savigny'schen Besitztheorie hat in dem Maße allgemeine Billigung und gläubige Hinnahme gefunden, wie gerade diese, und ich werde daher, bevor ich zur Darlegung meiner eigenen Ansicht schreite, es mir angelegen sein lassen, das so eben über sie gefällte Urtheil zu begründen und zu zeigen, daß sie sich sowohl mit den Entscheidungen der römischen Juristen als mit sich selber in unlösliche Widersprüche verwickelt. Der Grundirrthum Savigny's besteht in meinen Augen darin, daß er den Besitzbegriff mit dem der factischen Herrschaft über die Sache indentificirt, ohne zu bemerken, daß dem letzteren Gesichtspunkt nur eine relative Wahrheit zukommt. Dadurch versetzt er sich in die Lage, denselben in einer Weise zu spannen, daß derselbe alle und jede Wahrheit verliert und in eine Carricatur seiner selber ausartet.

Untersuchen wir zuerst, ob dieser Gesichtspunkt bei der Lehre vom Erwerb des Besitzes, sodann, ob er bei der Lehre vom Untergange des Besitzes die Probe aushält.

Den Begriff der Apprehension bestimmt Savigny (S. 210, 211, 236) dahin, daß dieselbe die „physische Möglichkeit gewähren müsse, unmittelbar auf die Sache zu wirken und jede fremde Wirkung auf sie auszuschließen". Als wesentliches Erforderniß für diese Möglichkeit verlangt er sowohl bei unbeweglichen (S. 212) als beweglichen Sachen (S. 216) die unmittelbare Gegenwart bei der Sache; körperliche Gegenwart ist das, was die willkührliche Behandlung der Sache möglich macht (S. 214); die Möglichkeit auf die Sache nach Willkür zu wirken, muß von dem, welcher den Besitz erwerben will, „als unmittelbare gegenwärtige Möglichkeit gedacht werden können" (S. 238). Eben darum setzt Savigny in verschiedenen Stellen, welche das Erforderniß der Gegenwart nicht erwähnen (S. 220, 225), dasselbe als selbstverständlich voraus; die Sklaven, deren Besitz und Eigenthum nach der l. 1 Cod. de donat. (8. 54) durch Uebergabe der Eigenthumspapiere übertragen wird, sind bei dem Akt gegenwärtig gewesen, ebenso ist es der Käufer in der l. 1 §. 21 de poss. (41. 2) und l. 9 §. 6 de A. R. D. (41. 1) bei dem Waarenspeicher, zu dem ihm die Schüssel tradirt sind.

Fragen wir nun, ob es Savigny, wie er meint (S. 236), gelungen ist, seinen Apprehensionsbegriff durch Interpretation zu beweisen, so muß ich dies entschieden in Abrede stellen. Mit dem Erforderniß der persönlichen Gegenwart des Apprehendenten bei der Sache steht die Möglichkeit des Besitzerwerbs durch custodia (S. 226 fl.) in unvereinbarem Widerspruch, und es ist schwer zu begreifen, wie Savigny über diesen Widerspruch mit der Bemerkung hinwegzukommen glaubt (S. 227): daß „Jeder über sein Haus sicherere Herrschaft habe, als über alles andere Vermögen und durch jene Herrschaft zugleich die **custodia** aller der Sachen, die im Hause enthalten seien." Denn diese Herrschaft allein ist ja nach Savigny nicht genügend, es soll vielmehr der Möglichkeit der unmittelbaren Einwirkung auf die Sache bedürfen, und diese erblickt Savigny ja nur da, wo der Apprehendent bei der Sache gegenwärtig ist. Reicht die „sichere Herrschaft" aus, so frage ich: ist sie weniger vorhanden, wenn der Verkäufer des Waarenspeichers mir die Schlüssel in meine Wohnung bringt, als wenn der Tradent in meiner Abwesenheit ohne daß einer von meinen Leuten ihn und die Sache wahrgenommen hat (**quamquam id nemo dum attigerit l. 18 §. 2 de poss.**) das Packet auf den unverschlossenen Vorplatz niederlegt, die Kuh in den unverschlossenen Stall bringt, das Fuder Holz auf meinem Hofraum, das Fuder Mist in meinem Garten abladet? Ich sollte doch meinen, sie ist es dort in ungleich höherem Maße als hier. Die eiserne Thür zum Gewölbe öffnet mir so leicht Niemand, während der Zugang zu meinem unverschlossenen Vorplatz, Hofraum, Garten, Stall Jedem, der Lust hat, offen steht, und wenn einmal Jemand sich die Gefahr einer Besitzentziehung in allen diesen Fällen vergegenwärtigen und darnach sein „Bewußtsein physischer Herrschaft" abmessen will, so wird er, wie ich glaube, im Besitz des Schlüssels zum Magazin sich unendlich viel sicherer fühlen, als in jenen Fällen der **custodia**.

Die **l. 55 de A. R. D. (41. 1.)** spricht mir Besitz und Eigenthum des Wildes zu, das sich in meinen Schlingen oder Fallen gefangen hat, ohne Werth darauf zu legen, wo dieselben aufgestellt gewesen sind, ob auf meinem eignen Grundstück oder in einem öffentlichen Walde[162]). Daß der Jurist keine unmittelbare körperliche Aneignung des Wildes verlangt, also den Besitz in Abwesenheit des Jägers entstehen läßt, geht aus den von ihm gebrauchten Ausdrücken: aprum meum.. qui eo facto meus esse desisset, auf's klarste hervor. Hier liegt also ein unzweifelhafter Fall des Besitzerwerbs ohne Nähe bei der Sache vor — — die Möglichkeit der unmittelbaren physischen Einwirkung kann also unmöglich ein absolutes Erforderniß der Apprehension sein.

Aber selbst da, wo sie vorhanden ist und das Wissen und der Wille sich hinzugesellt, reicht sie noch keineswegs immer aus. Ich will abwarten, ob Jemand z. B. folgende zwei Entscheidungen mit der Savigny'schen Apprehensionstheorie in Einklang bringen kann. Nach der l. 5 §. 3 de A. R. D. (41. 1) kann jeder die Honigscheiben, welche ein fremder Bienenschwarm auf meinem Baum gemacht hat, „sine furto possidere" d. h. ich habe an ihnen ebensowenig den Besitz erworben, wie nach §. 2 ibid. an den Bienen selber. Rücksichtlich der letzteren ist das nun sehr begreiflich, aber die Honigscheiben auf dem Baum in meinem Garten, sollte ich sagen, wären mir um nichts minder sicher, als die Krammetsvögel, die sich in meinen im Walde aufgehängten Dohnen gefangen hätten. Die Möglichkeit der unmittelbaren Einwirkung, das Wissen und der Wille liegen vor, — warum denn kein Besitz?

Die zweite Entscheidung betrifft den Erwerb des Schatzes, worunter hier jede irgendwann und irgendwo verborgene

162) Savigny S. 223 Note geht dem Anlaß zu einer bestimmten Meinungsäußerung über diese Stelle aus dem Wege. Denn wenn er sagt: „die Entscheidung liege in den Worten: si in meam potestatem pervenit, meus factus est", so übersetzt er damit nur die Worte des Juristen „summam tamen hanc esse puto."

Sache zu verstehen ist (Savigny S. 229). Die Ansichten der römischen Juristen über die Erfordernisse des Besitzerwerbs in diesem Fall waren getheilt, einige ältere sprachen dem Besitzer des Grundes und Bodens, in dem der Schatz verborgen, sofort, wenn er Kunde davon erhalten, den Besitz zu, während die Mehrzahl, deren Ansicht von Justinian gebilligt ist, den Besitz erst dann annehmen wollte: „si ipsius rei supra terram possessionem adeptus fuissem,“ oder „si loco motus sit“ [163]). Wenn nun in der l. 3 §. 3 de poss., welche die letztere Wendung enthält, als Grund hinzugefügt wird: „quia non sit sub custodia nostra“, so liegt zwar auf der Hand, daß der Grundeigenthümer, so lange er den Schatz nicht ausgegraben hat, nicht unmittelbar auf ihn einwirken, über ihn disponiren kann, allein ist dies anders, frage ich, bei der in meiner Abwesenheit in meiner Wohnung niedergelegten Sache oder bei dem in meinen Schlingen hängenden Wilde? Soll die Sicherheit der physischen Herrschaft über die Sache entscheiden, so meine ich, wäre sie hier nicht minder vorhanden, als bei der häuslichen custodia. Savigny (S. 230) findet zwar bei dem Hause „eine ganz eigne custodia, die nur darin möglich ist“, und läßt daher in einem Zusatz zur sechsten Ausgabe im Widerspruch mit den ganz allgemein gehaltenen Entscheidungen der römischen Juristen den Besitz an einem im Hause selber verborgenen Schatz sofort mit dem Wissen entstehen. Ohne mich schon an dieser Stelle darüber auszulassen, worauf die Entscheidung der römischen Juristen positiv beruht (s. unten XIII) darf ich doch die Frage nicht unterdrücken, warum nicht eine hohe, unübersteigliche Gartenmauer mir rücksichtlich eines im Garten verborgenen Schatzes dasselbe „Bewußtsein physischer Herrschaft“ solle gewähren können, wie

163) l. 3 §. 3, l. 44 pr. de poss. (41. 2) l. 15 ad exh. (10. 4).

e' das Niederlegen einer Sache in meiner Abwesenheit auf neinen unverschlossenen Hof oder Vorplatz vermag [164]).

Ueberblicken wir nun die bisher von mir angeführten Verhältnisse, so ist es Savigny'n meines Erachtens in keiner Weise gelungen, sie mit seinem Apprehensionsbegriff in Uebereinstimmung zu bringen, und wenn er gleichwohl sich diesem Glauben hingiebt, den unsere ganze neuere romanistische Jurisprudenz mit ihm theilt, so verdankt er dies lediglich dem Umstande, daß er theils seinen eigenen Appresionsbegriff da, wo er ihm unbequem wird, verleugnet, theils einige der von mir angeführten Verhältnisse gar nicht weiter berücksichtigt. Ich kenne nur folgende Alternative. Entweder hat Savigny Recht, wenn er den Apprehensionsbegriff auf die „physische Möglichkeit, auf die Sache unmittelbar einzuwirken," stellt — dann begreife ich, warum die Schlüssel zum Magazin nicht den Besitz des Magazins, der Besitz des Grundstückes nicht den des Schatzes geben, dann verstehe ich aber nicht:

1) wie Savigny mir den Besitz des in meinem Hause eingemauerten Schatzes zugestehen kann, denn die unmittelbare Einwirkung auf ihn ist nicht eher möglich, bis ich das Mauerwerk entfernt habe;
2) wie in meiner Abwesenheit, etwa gar während ich viele Meilen entfernt bin, durch Niederlegen in meiner Wohnung,

164) Bei Gelegenheit des Verlustes des Besitzes (S. 340, 341) stellt Savigny mit Rücksicht auf das „custodiae causa" der l. 44 pr. de poss. in Bezug auf die Fortdauer des Besitzes das Aufbewahren im Hause und das Vergraben im Felde sich gleich „denn die besondere Anstalt, die zu ihrer Aufbewahrung getroffen ist (custodia), sichert ihm das Finden für die Zukunft." Und in der Note fügt er hinzu: „das nämlich ist die allgemeine Bedeutung von custodia, und die Verschiedenheit bei dem Erwerb und Verlust ist nur graduell." So kommt schließlich doch auch für den Garten eine custodia heraus!

3) oder durch die Schlingen und Fallen im Walde an dem Wilde für mich Besitz entstehen kann; noch auch
4) warum ich den Besitz an den Honigscheiben in meinem Baum nicht erwerbe.

Oder aber die Möglichkeit der unmittelbaren d. h. sofortigen persönlichen Einwirkung ist nicht erforderlich, es genügt die auf irgend eine Art erlangte sichere Herrschaft über die Sache. Dann begreife ich die Fälle 1, 2 und 3, nicht aber, warum ich nicht auch an dem in meinem Grundstück liegenden Schatz den Besitz haben soll, und warum die Tradition der Schlüssel mir nicht den Besitz des Waarenspeichers oder Hauses gewähren. Der Fall 4 bleibe mir hier wie dort ein Räthsel.

So läuft also die Savigny'sche Apprehensionstheorie auf handgreifliche Widersprüche hinaus, bald ist die Anwesenheit erforderlich, bald nicht, bald ist die Sicherheit der factischen Herrschaft genügend, bald nicht — die Savigny'sche Deduction accommodirt sich ganz den concreten Entscheidungen, die es zu erklären gilt, sie vergißt bei der zweiten, was sie bei der ersten gesagt hat. So wird es denn möglich, Savigny mit sich selber zu widerlegen. Ich will z. B. annehmen, es käme mir darauf an nachzuweisen, daß nach Savigny die Tradition der Schlüssel den Besitz des Waarenspeichers gewähren müsse, so nehme ich seinen Ausspruch über die custodia (S. 227), der zufolge die Sicherheit der Herrschaft es ist, welche mir den Besitz gewährt. Oder ich will umgekehrt beweisen, daß die custodia keinen Besitz gewähren dürfe, so nehme ich seinen Ausspruch über den Schatz (S. 237), wonach der Grundeigenthümer darum nicht den Besitz an ihm haben soll, „weil es auch hier leicht möglich sei, daß nicht er selber, sondern ein Anderer ihn finde, dann aber der Schatz in keinem Augenblick wirklich in der Gewalt des Eigenthümers war." Die Gefahr, daß mir ein Anderer in Bezug auf die physische Aneignung zuvorkomme, in beiden Fällen unbefangen neben einander gehalten, wo ist sie im höhern Grade vorhanden, bei dem in der Erde verborgenen, Niemandem sichtbaren Schatz, oder bei dem auf meinem Vorplatz liegenden Bücherpackete? In der That scheint Savigny selber an die Ernstlichkeit jener Gefahr wenig Glauben zu haben, denn bei Gelegenheit der Lehre vom Verlust des Besitzes (S. 341) erscheint das Vergraben des Schatzes als „custodia d. h. als die besondere Anstalt, die ihrer Aufbewahrung getroffen ist, und welche ihm das Finden für die Zukunft sichert" (Note 164).

Wenden wir uns jetzt dem Verlust des Besitzes zu, so ist die Formel, welche Savigny dafür aufstellt, in meinen Augen eben so wenig zutreffend, wie die obige für den Erwerb des Besitzes. Der Besitz soll so lange fortbestehen, als die Möglichkeit der beliebigen Reproduction des ursprünglichen Zustandes fortdauert; der Besitzverlust tritt also ein, wenn an die Stelle der Möglichkeit die Unmöglichkeit der beliebigen Reproduction des ursprünglichen Zustandes getreten ist (S. 339).

Sehen wir uns diesen Begriff einmal etwas genauer an! Daß unsere Theorie denselben unbesehen oder unbeanstandet angenommen hat, kann ich mir nur daraus erklären, daß sie sich außer Stand fühlte, etwas Besseres an die Stelle zu setzen, und eben darum sich sorgfältig gehütet hat, an ihm zu rütteln. Ich meinerseits kenne in der ganzen Jurisprudenz keinen andern, der sich so wie er jeder ernstlichen Anwendung widersetzt.

Also die Unmöglichkeit der beliebigen Reproduction des ursprünglichen Zustandes soll darüber entscheiden, ob der Besitz untergegangen ist. Die beliebige Reproduction — heißt das: es dürfen derselben gar keine Hindernisse im Wege stehen?

Das würde man nach dem Wort „beliebig" oder „nach Willkühr" (S. 339) erwarten, denn wenn ich erst Hindernisse überwinden, fremden Widerstand danieder werfen muß, so hängt das Resultat nicht allein von meinem Belieben, meiner Willkühr, sondern zugleich von dem Verhältniß der mir beschiedenen Kraft zu den entgegenstehenden Hindernissen ab. Savigny hat sich über diese Frage gar nicht geäußert, es bleibt uns also nichts übrig, als die Vorstellung, die er mit seinem Begriff verbindet, den einzelnen Fällen zu entnehmen, in denen er ihn zur Anwendung bringt. Es ist mir die Sache gestohlen oder geraubt; habe ich den Besitz verloren? Ja, „hier ist die Ausschließung unserer eigenen Herrschaft über diese Sache sehr entschieden" (S. 340). Dasselbe müßte consequenterweise auch von dem Fall gelten, „wenn unser Grundstück in unsrer Abwesenheit von Jemanden occupirt worden ist, der unsere Rückkehr gewaltsam zu verhindern im Stande ist, denn von diesem Augenblick an ist uns die physische Möglichkeit auf die Sache zu wirken eben sowohl entzogen, wie in jenem Fall, aber hier ist jene Regel durch eine merkwürdige Ausnahme beschränkt worden" (S. 348).

Wir wollen nicht fragen, ob nicht alle diese Fälle möglicherweise so geartet sein können, daß der Besitzer mit leichter Mühe sich die Sache wieder verschaffen kann, — eine Möglichkeit, auf die doch Celsus in l. 18 §. 3 h. t.:

non desisse illico possidere existimandus sum, facile expulsurus finibus simulatque sciero,

ein entscheidendes Gewicht legt, und der auch Savigny sich nicht ganz hat verschließen können, indem er sie bei der Occupation des Grundstücks durch die Voraussetzung ausschließt, daß der Andere „unsere Rückkehr gewaltsam zu verhindern im Stande sei." Es sei: jedes Hinderniß, das sich uns entgegenstellt, soll ausreichen, unsern Besitz aufzuheben, aber ich verlange dann nur Consequenz. Die Brücke, welche zu unserm Grundstück führt, ist zerstört, bis zur Wiederherstellung derselben ist uns der Zugang zu letzterem völlig abgeschnitten, oder unser Grundstück ist überschwemmt; dauert der Besitz fort? Ja, antwortet Savigny; „es versteht sich von selbst, daß ein solches vorübergehendes Hinderniß den Besitz nicht entzieht." (S. 340 Note 3). Woher sich das von selbst versteht, bin ich außer Stand zu begreifen [165]). Denn soll das Moment des „Vorübergehenden", das hier plötzlich hinterher noch als ein für die Begriffsbestimmung höchst wesentliches auftaucht, einen so entscheidenden Einfluß ausüben, so frage ich: hebt nicht ein vorübergehendes Hinderniß die Möglichkeit der willkührlichen Reproduction des ursprünglichen Zustandes wenigstens vorübergehend auf? Ist aber der Besitz auch nur vorübergehend unterbrochen, so ist es um seine Continuität geschehen, so ist der spätere Besitz nicht mehr der alte, sondern ein neuer. Dafür berufe ich mich auf Savigny selber. „Durch den bloßen animus ist der Besitz verloren, wenn der Besitzer in irgend einem Moment den Besitz aufgeben will, denn in diesem Moment ist die Reproduction des ursprünglichen Wollens durch die entgegengesetzte Bestimmung des Willens schlechthin unmöglich. Demnach kann selbst dann, wenn nachher der vorige Besitzer von neuem zu besitzen sich entschließt, höchstens eine neue Apprehension dadurch veranlaßt werden, indem der vorige Besitz schon mit jenem Moment völlig zu existiren aufgehört hat" (S. 355). Es kommt mir hier noch nicht darauf an, diese letztere Ansicht Savigny's einer Kritik zu unterwerfen, sie soll hier bloß zur Illustration der obigen

---

165) Die damit in Widerspruch stehende l. 30 § 3 de poss. (41. 2) item quod mari aut flumine occupatum sit, possidere nos desinimus und l. 3 §. 17 ibid. ist von Savigny gar nicht berücksichtigt.

Entscheidung dienen. Ich frage nämlich: ist das Hinderniß, das der Besitzer sich durch seine bloße Willensänderung geschaffen, in höherm Grade ein dauerndes, als wenn ein Naturereigniß ihm die Brücke zu seinem Grundstück fortgerissen hat? Mit der abermaligen Willensänderung ist es beseitigt, während es mit Wiederherstellung der Brücke noch gute Weile haben kann, ja, wer weiß nur einmal, ob der Besitzer oder wem sie sonst gehört, sie je wieder herstellen lassen wird? Aber es sei: ein vorübergehendes Hinderniß soll den Besitz nicht aufheben; wonach bestimmt sich die Frage, ob es ein vorübergehendes ist, nach dem jetzigen Moment oder nach dem Erfolg? Wenn nach ersterem, so frage ich wiederum: ist es leichter für mich, eine Brücke wieder herzustellen, als die hölzernen Dielen, Bretter, welche mein Nachbar diebischer Weise auf seinen Hof, die Tauben, welche er in seinen Taubenschlag geschafft, wiederzuholen? Und der eigenmächtigen Wegnahme wird es vielleicht gar nicht einmal bedürfen, der Nachbar wird, nachdem ich die Sache erfahren, wahrscheinlich mit Vergnügen bereit sein, mir die Sachen herauszugeben, wenn er damit eine gerichtliche Anzeige meinerseits abwehren kann. Und selbst im entgegengesetzten Fall, darf ich mir nicht schon jetzt im Hinblick auf den Erfolg der gerichtlichen Anzeige sagen: das Hinderniß, welche mein Nachbar meinem Besitz entgegensetzt, ist vorübergehender Art? Oder der Erfolg entscheidet. Nun, dann muß er es doch in dem einen Fall so gut wie in dem andern. Bekomme ich die gestohlenen oder geraubten Sachen schon nach wenig Tagen zurück, so müßte ich unter dieser Voraussetzung den Besitz nie verloren haben, lasse ich die Brücke dauernd nicht schlagen, so müßte ich ihn umgekehrt rückwärts verloren haben.

„Ist der Ort, an dem sich unsere Sache befindet, uns gänzlich unzugänglich", so soll nach Savigny (S. 340) Verlust des Besitzes eintreten. Wenn er sich dafür auf l. 13 pr. de poss. (41. 2) beruft, worin der Jurist über die „lapides in Tiberim demersi naufragio et post tempus extracti" seine Meinung dahin äußert: „dominium me retinere puto, possessionem non puto", so wird bei Begründung meiner eignen Ansicht (XIV) Gelegenheit sein, die von Savigny völlig ignorirte Bedeutung des Zusatzes post tempus ins rechte Licht zu setzen. Aber davon abgesehen: war denn das Flußbett der Tiber „gänzlich unzugänglich?" Der beste Gegenbeweis liegt ja darin, daß die Steine „post tempus" herausgeschafft wurden. Aber dies bedurfte erst künstlicher Vorbereitungen! Bedarf es derselben etwa nicht bei der Brücke, die in die Tiefe gefallen?

Wenn Jemand seine Sache in seinem eignen Hause so verlegt hat, daß er sie nicht finden kann, so dauert bekanntlich der Besitz fort. Wenn Savigny diesen Satz so zu rechtfertigen sucht: „daß die besondere Anstalt, die zu ihrer Aufbewahrung getroffen ist, ihm das Finden derselben für die Zukunft sichert" (S. 341), so frage ich wiederum: was verschlägt für die Möglichkeit der sofortigen Reproduction des ursprünglichen Zustandes die Sicherheit des Findens in der Zukunft?

Auch an entfernten Grundstücken, an Sommer- und Winterweiden, die nur periodisch benutzt werden, und die möglicherweise viele Tagereisen weit vom Wohnort des Besitzers entfernt liegen, dauert der Besitz ohne Anwesenheit der Person fort. Savigny selber räumt ein, daß hier „die physische Möglichkeit willkührlicher Behandlung zwar in eine entferntere Möglichkeit verwandelt, aber nicht überhaupt aufgehoben werde" (S. 348). Aber wenn diese „entferntere" Möglichkeit, der sich viele Tagereisen entgegenstellen, genügt, warum soll sie es nicht bei dem Hausthiere, das sich verirrt hat (S. 342), bei der Brieftasche, die ich im Walde an einer „unbekannten“ (S. 340) Stelle verloren habe? Mit leichterer Mühe, als ich die Reise zu jenen entfernten Grundstücken mache, kann ich Leute aussenden, die mir das Hausthier oder die Brieftasche wiederbringen.

Wenn der Besitzer wahnsinnig wird, so hört darum sein Besitz nicht auf[166]; wir haben oben (S. 73) den praktischen Grund angegeben, der dies nothwendig machte. Man sollte glauben, daß Savigny diesen Satz als einen singulären, mit seiner Formel unverträglichen bezeichnen würde, denn wie kann man beim Wahnsinnigen von der beliebigen Möglichkeit der Reproduction des ursprünglichen Besitzwillens reden? Allein die Formel bewährt auch hier eine anerkennenswerthe Nachgiebigkeit. „Da in diesem Fall die Unmöglichkeit, einen bestimmten Besitz zu wollen, lediglich subjectiv und zufällig ist, so ist im Verhältniß zu jeder besessenen Sache gar kein wesentlicher Unterschied, ob dieser Besitz bloß auf längere Zeit vergessen, oder ob der Besitzer selbst wahnsinnig geworden ist.“ Wir erhalten hier zum zweiten Male ein für die negative Bestimmung des Begriffs der Unmöglichkeit wichtiges Moment nachgeliefert; so wenig wie eine „vorübergehende“, so wenig soll eine „subjective und zufällige“ Unmöglichkeit in Betracht kommen. Aber kann denn die Unmöglichkeit, welche in dem animus ihren Grund hat, anders als subjectiver Art sein? Ist denn der Entschluß nicht mehr zu besitzen, etwa nicht subjectiv?! Und sodann das Moment des Zufälligen! Ist es weniger zufällig, wenn Jemand stirbt, als wenn er wahnsinnig wird? Dort hört der Besitz auf, hier dauert er fort, am Willen aber fehlt es hier wie dort. Und wo steht denn geschrieben, daß zufällige Ereignisse nicht die Macht haben, den Besitz aufzuheben? Ist es nicht auch ein Zufall, wenn

166) l. 27 h. t. l. 4 §. 3, l. 31 §. 4 de usurp. (41. 3).

ich eine Sache verliere, oder wenn mir der Vogel aus dem offenen Käfig davon fliegt? Wenn Savigny von dem Fall, daß der Besitzer seinen Besitz vergessen, auf den, daß er wahnsinnig geworden, einen Schluß glaubt ziehen zu dürfen, so könnte man mit demselben Recht daraus, daß der Besitz nicht untergeht, wenn die Sache längere Zeit nicht in die Hände des Besitzers kommt, dasselbe für den Fall folgern, wenn sie ihm gänzlich abhanden gekommen ist.

Doch genug der Beispiele, um zu zeigen, wie wenig Savigny im Stande gewesen ist, den von ihm selbst aufgestellten Gesichtspunkt durchzuführen. Ueberall Limitationen, Unbestimmtheiten, Widersprüche, ein beständiges dialektisches Sichdrehen und Winden, eine Dialektik des Augenblicks, welche stets beweist, was gerade Noth thut und im folgenden Moment vergessen hat, was sie eben vorher gesagt hat.

Daß Savigny die Verantwortlichkeit für seine Formel nicht den römischen Juristen zuschieben kann, dafür giebt es eine einfache Probe. Hat Savigny Recht, so gilt für den Besitz das Gesetz der vis inertiae, d. h. so dauert der Besitz bei der bloßen Möglichkeit der Reproduction des ursprünglichen Zustandes immer fort, wenn diese Möglichkeit auch nie zur Wirklichkeit wird. Die Sache, die ich im Walde habe liegen lassen, das abwesende Grundstück, das ich weder bebaue noch je besuche, bleibt fortdauernd in meinem Besitz, und wenn funfzig Jahre darüber hingehen. Man sollte meinen, daß ein solches, der natürlichen Gestalt des Besitzverhältnisses völlig Hohn sprechendes Resultat die Vertheidiger des obigen Gesichtspunktes hätte stutzig machen und sie zur Wahrnehmung der Stellen in Stand setzen müssen, die ausdrücklich das Gegentheil aussprechen (**XIV**). Aber im unerschütterlichen Glauben an die Wahrheit ihres Axioms sind sie nicht bloß an diesen Stellen mit verschlossenen Augen vorübergegangen, sondern sie haben sogar den Fanatismus der Consequenz so weit getrieben, selbst den Quasibesitz mit diesem Gesetz der vis inertiae zu beglücken.

Es hat Jemand durch wiederholte Ausübung einer Weggerechtigkeit auf dem benachbarten Grundstück den Quasibesitz derselben erworben, dann übt er sie nicht weiter aus, 10, 20, 30 Jahre. Wie steht es mit dem Quasibesitz? Derselbe dauert ruhig fort. Denn der Möglichkeit der Reproduction des ursprünglichen Zustandes, d. h. der Wiederholung steht ja nichts im Wege. So lehrt uns Savigny, indem er uns (S. 481) für dies Verhältniß auf ganz denselben Grundsatz verweist, den er für den Sachenbesitz begründet zu haben glaubt, und den er auch für den Quasibesitz der persönlichen Servituten als maßgebend betrachtet. „Fortgesetzt wird dieser Besitz, wie jeder andere durch die ununterbrochene Möglichkeit, die ursprüngliche Herrschaft zu reproduciren: verloren also durch Aufhebung dieser Möglichkeit" (S. 474). Allerdings stellt sich ihm dabei ein Bedenken ein. Durch non usus von 10 Jahren geht die Servitut selber unter — was soll nun mit dem Quasibesitz geschehen, wenn sie in Folge davon erloschen ist? Hier, meint Savigny, „muß in der ganzen Zwischenzeit der Besitz verloren gewesen sein, obgleich jene Reproduction stets möglich gewesen sein kann."

Eine wunderliche Gestalt, die dadurch das Besitzverhältniß während dieser Zeit annimmt! Erinnert sich der Quasibesitzer noch am letzten Tage des zehnten Jahres der Servitute und übt sie aus, so hat er während der ganzen Jahre den Besitz gehabt, versäumt er es, so hat er ihn nicht gehabt. Der Besitz, dessen factische Natur von Savigny selber anderwärts so sehr betont wird, daß er z. B. bei dem durch den negot. gestor erworbenen Besitz letzteren erst vom Moment der Ratihabition an entstehen läßt, weil ein „Zurückrechnen, welches nur bei eigentlich juristischen Handlungen stattfindet, beim Besitz natürlich nicht gilt" (S. 316) — der Besitz also muß sich hier doch dies Zurückrechnen gefallen lassen; „während des bloßen Nichtgebrauchs ist er in suspenso und erst durch Erneuerung des Gebrauchs oder erst durch Ablauf des ganzen Zeitraums zeigt es sich, ob er in der ganzen Zwischenzeit dagewesen oder nicht dagewesen ist" (S. 475). Mit Recht bemerkt Puchta [167]), der im übrigen die Savigny'sche Auffassung theilt [168]), dagegen, daß dies eine willkührliche Annahme sei, die nur dann als gerechtfertigt erscheinen würde, wenn zwischen der Existenz des Rechts und dem Besitz ein so

---

167) In seinem Artikel über den Besitz in Weiske Rechtslexikon II. S. 72.

168) S. 71 daselbst: „der Quasibesitz wird also nicht schon durch die Nichtausübung, sondern erst durch die Unmöglichkeit sich beliebig wieder in die factische Ausübung des Rechts zu versetzen, verloren." Der Verfasser des neusten ganz verdienstlichen Werks über den Besitz: Randa, der Besitz nach österr. Recht mit Berücksichtigung des gemeinen Rechts u. s. w. Leipzig 1867. S. 348 fl. hat sich hierin Puchta völlig angeschlossen und schrickt ebenfalls vor der im Text entwickelten Consequenz nicht zurück. Eine einzige Handlung genügt ihm während der dreißigjährigen Verjährungsfrist, damit der Besitz nicht verloren gehe, (S. 350) und selbst sie ist nicht nöthig, wenn während der Verjährungszeit keine Gelegenheit zur Ausübung vorhanden war (S. 352). — Auch Bruns (Besitz S. 475) bekennt sich ganz zu dieser Ansicht. Daß der Besitz in der Ausübung der Servitut bestehe, erklärt er für „eben so falsch, als wenn man den Sachenbesitz für die Ausübung des Eigenthums erklärt. Nur zum Erwerbe des Besitzes verlangen die positiven Rechte die Ausübung; ist der Besitz einmal durch Ausübung erworben, so dauert er so lange fort, als der Wille und die factische Möglichkeit, die Ausübung stets nach Belieben zu wiederholen, fortdauern." Daß die quasi oder juris possessio nur eine Abstraction der Juristen war, während das allein maßgebende prätorische Edict bei den quasipossessorischen Interdicten stets den Ausdruck usus es gebraucht hatte, wird von den Vertheidigern jener Ansicht dabei völlig übersehen.

wesentlicher Zusammenhang bestände, daß der letztere nicht ohne das erstere fortdauern könnte; es könne aber Jemand Besitzer bleiben, während das Recht untergegangen sei. Indem er nun darauf hin den Quasibesitz auch noch nach dem Untergang der Servitut durch non-usus fortdauern läßt, wirft er sich die Frage auf: welche Wirkungen denn dieser Besitz habe, und ertheilt darauf die Antwort: — — gar keine! Denn von den beiden Wirkungen des Besitzes: der Usucapion und den Interdicten setze jede bei dem Quasibesitzer die Ausübung voraus, jene eine fortwährende, diese eine Ausübung innerhalb eines gewissen Zeitraums vor Anstellung der Klage. „So bleibt also, fährt er fort, der Satz stehen, daß der Quasibesitz ohne wirkliche Ausübung zwar nicht entstehen, aber fortgesetzt werden kann; indessen ist dieser Satz ohne praktische Wirkung, weil die beiden Wirkungen des Besitzes hier nicht bloß seine Existenz **in abstracto** (!), sodann einen Zustand wirklicher Ausübung fordern." In der That: noch wohl nie hat sich eine ungesunde Ansicht in aller Naivität ein so vernichtendes Urtheil gesprochen. Ein Besitz, dem die beiden einzigen Wirkungen, welche ihm rechtliche Bedeutung geben, fehlen, und der doch „**in abstracto**" fortdauert! — das Lichtenberg'sche Messer ohne Klinge, dem der Stiel fehlt! Warum und wie lange dauert er fort, dieser Besitz ohne alle Wirkungen? Warum? Lediglich wegen einer theoretischen Formel! Wie lange? Wenn der Besitzer nicht stirbt, also bei einer juristischen Person, bis in alle Ewigkeit!

Ueberlassen wir denn diesen Besitz, der für die Erde keine Bedeutung hat, ruhig der Ewigkeit, wo das Verständniß dieses bloß „**in abstracto**" existirenden Besitzes vielleicht auch denen aufgehen wird, die hier auf Erden in ihm nichts anders erblicken, als die Ausgeburt einer die praktischen Zwecke und Interessen des Rechts ganz aus den Augen verlierenden, an die Scholastik des Mittelalters erinnernden Dialektik. Aber lehrreich ist sie gleichwohl diese Puchta'sche Erfindung, ja in meinen Augen unschätzbar, denn sie zeigt jedem den Abgrund, dem er entgegengeht, wenn er sich durch die Vorstellung einer Bedeutung des Besitzes an sich leiten läßt — mit der aprioristisch bestimmten Idee des Besitzes fängt man an und mit dem Besitz in der Idee hört man auf!

Kehren wir jetzt zum Sachenbesitz zurück, so frage ich: ist die Fortdauer desselben ohne alle und jede Detention, z. B. an der Sache, die ich im Walde niedergelegt und später vergessen habe (Savigny, S. 354: „auf längere Zeit vergessen") um irgend etwas besser, als ein solcher Quasibesitz ohne Ausübung? Auch er dauert bloß fort, weil er nicht sterben kann als „abstracter Besitz", den Niemand sieht, der Niemanden zu gute kommt, von dem Niemand, auch der Besitzer selber nicht, eine Ahnung hat. Was ihm das Leben fristet, ist lediglich das Savigny'sche angebliche Gesetz der vis inertiae, daß ein Besitz so lange fortdauert, bis in dem bestehenden Zustande eine Veränderung eintritt, welche die Möglichkeit der beliebigen Reproduction des ursprünglichen Verhältnisses in Unmöglichkeit verwandelt. Daß dem römischen Recht ein solches Gesetz völlig fremd ist, wird unten gezeigt werden.

XII.

3. Der Besitz die Thatsächlichkeit des Eigenthums.

Unter der Thatsächlichkeit des Eigenthums verstehe ich den normalen äußeren Zustand der Sache, in dem sie ihre ökonomische Bestimmung erfüllt, dem Menschen zu dienen. Dieser Zustand nimmt nach Verschiedenheit der Sache eine verschiedene äußere Gestalt an, bei manchen fällt er zusammen mit der Detention oder physischen Innehabung der Sache, bei andern nicht. Gewisse Sachen pflegt man unter seiner persönlichen oder sachlichen Obhut zu halten, andere ohne Schutz und Aufsicht liegen zu lassen [169]). Der Landmann läßt seine Heuhaufen und Garben auf offenem Felde stehen, der Baumeister die Baumaterialien auf dem Bauplatz frei liegen, aber Niemand thut dies hinsichtlich seiner Werthsachen, Mobilien u. s. w., diese birgt Jeder in seinem Hause. Derselbe Zustand also, der für jene Sachen der normale ist, erscheint für diese als ein abnormer, als ein solcher, in dem die Thatsächlichkeit des Eigenthums sich bei ihnen nicht zu äußern pflegt, und die Folge davon für den Besitz kann nach unserer Theorie, wenn dieselbe sonst richtig sein soll, nur darin bestehen, daß derselbe dort fortdauern, hier untergehen muß. Wer eine Sache der ersten Kategorie in dieser Lage antrifft, muß sich sagen, daß sie sich mit dem Willen des Besitzers, wer eine der zweiten in ihr antrifft, daß sie sich ohne seinen Willen in derselben befindet, dort greift er, wenn er die Sache mit sich nimmt, um sie dem Besitzer zuzustellen, in ein fremdes, ihm sichtbar vor Augen liegendes Willensverhältniß eines Andern ein, hier nicht, im Gegentheil erweist er dem Besitzer einen Gefallen, wenn er die Sache aufnimmt und sie ihm zustellt. So wird also der juristische Charakter des Verhältnisses, in dem dieselbe zu ihrem Eigenthümer steht, in beiden Fällen sichtbar, sowohl der Besitz als der Nichtbesitz, und eben diese Sichtbarkeit ist für die Sicherheit desselben von alleräußerster Wichtigkeit. Denn die Sicherheit des Besitzes beruht keineswegs bloß auf dem physischen Moment,

---

169) Es ist also derselbe Gegensatz wie bei den servi custodiri soliti und non soliti der Römer; s. über letztere l. 18 pr. Commod. (13. 6). l 23 de R. J. (50. 17).

d. h. auf den zu seinem Schutz getroffenen Sicherungsmaßregeln, sondern eben so sehr auf dem moralischen oder rechtlichen Moment, d. h. auf der durch den Rechtssinn oder das Gesetz begründeten Scheu vor der Verletzung fremder Rechte. Wenn ich an den im Walde aufgestellten fremden Dohnen vorbeigehe, ohne die darin hängenden Krammetsvögel in meine Tasche zu stecken, so ist der Grund, der mich abhält, nicht physischer, sondern rein moralischer Art: die Achtung vor dem fremden Eigenthum. Zwar der Dieb läßt sich dadurch nicht abhalten, allein gegen ihn gewähren selbst Mauern, Schlösser und Riegel keine ausreichende Sicherheit; es werden erfahrungsmäßig mehr Sachen gestohlen, die in der custodia, als die in keiner stehen!

Im Bisherigen habe ich den wesentlichen Kern meiner Ansicht kurz zusammengefaßt, im Folgenden werde ich dieselbe theils zu begründen, theils weiter auszuführen versuchen, und zwar soll dies mittelst Zerlegung derselben in einzelne Thesen geschehen — eine Form, die dem Leser die Prüfung meiner Ansicht wesentlich erleichtern wird.

1. Das römische Recht erkennt einen Besitz in manchen Fällen an, wo es an einer persönlichen Aufsicht über die Sache oder an sachlichen Anstalten zu ihrer Sicherung vollständig fehlt.

Diese Behauptung bedarf keines Beweises; Jedem, der die Besitztheorie kennt, werden die Beispiele des Besitzes an abwesenden Grundstücken und den saltus hiberni et aestivi gegenwärtig sein; von beweglichen Sachen nenne ich die abwesenden Sklaven und das in den Fallen des Jägers gefangene Wild (l. 55 de A. R. D. 41. 1). Wenn an letzterem der Besitz in Abwesenheit des Jägers sogar erworben wird (S. 139), so wird es keinem Zweifel unterliegen, daß an den ausgestellten Fallen und Schlingen der Besitz auch in seiner Abwesenheit fortdauert.

2. Diese Fortdauer ist mit dem Gesichtspunkt der physischen Herrschaft unverträglich.

Von einer physischen Herrschaft über die Sache kann verständigerweise nur die Rede sein, wenn man entweder sich bei derselben befindet, oder wenn man sie dergestalt in Verwahrung hat, daß nicht Jeder, der Lust hat, sie nehmen kann. Ueber mein abwesendes Grundstück habe ich eine factische Herrschaft, so lange ich mich auf oder bei demselben befinde; wenn ich mich entferne, hört sie auf, ich kann keinen abhalten, dasselbe zu betreten. Es ist ein arger Mißbrauch, den man mit der Sprache treibt, in einem solchen Fall von einer physischen Herrschaft zu sprechen. Worin äußert sich dieselbe denn? In gar Nichts! Es ist eine physische Herrschaft, der die Hasen, die von meinem Kohl fressen, und die Kinder, die in meinem Heu spielen, spotten! Es verhält sich mit ihr ganz so wie mit dem Puchta'schen Quasibesitz „in abstracto" — es ist eine physische Herrschaft ohne alle physische Realität — ein theoretisches Schattenspiel an der Wand!

3. Der Gesichtspunkt der willkührlichen Reproduction des ursprünglichen Verhältnisses reicht nicht aus, die Annahme einer physischen Herrschaft in diesen Fällen zu rechtfertigen.

Erstens nämlich ist es nicht wahr, daß diese Möglichkeit überall da vorliegt, wo das römische Recht den Besitz fortdauern läßt — man denke nur einmal an die Alpe (saltus aestivi), welche der Besitzer zur Herbstzeit verläßt, und bei der ein Versuch jener Reproduction zur Winterszeit unter Umständen das Leben kosten könnte. Sodann aber, was relevirt die Möglichkeit der demnächstigen Wiederherstellung für die Frage, ob ich gegenwärtig die physische Macht über die Sache habe? Ich kann meinen Ofen, wenn er kalt geworden ist, jeder Zeit wieder heizen, aber darum werde ich ihn doch, so lange er *kalt* ist, nicht *warm* nennen — die Möglichkeit ist keine Wirklichkeit!

4. Diese Möglichkeit, soweit sie existirt, beruht nicht auf dem *physischen*, sondern auf dem *rechtlichen* und *moralischen* Element des Besitzes.

Mit dem ersten Theil dieses Satzes berühre ich eine Vorstellung, die, wie ich glaube, obschon wissenschaftlich unausgesprochen oder vielleicht gerade darum, dem hier bekämpften Irrthum großen Vorschub geleistet hat. Sie hat einen gewissen Schein bei solchen Gegenständen, welche der Besitzer unter seiner persönlichen oder sachlichen Obhut (custodia) hat, aber selbst bei ihnen hat dieser Schein nur eine beschränkte Wahrheit. Denn nicht die Mauern, Schlösser und Riegel, Kisten und Taschen allein sind es, denen ich die Sicherheit meiner beweglichen Sachen verdanke, sondern zu diesen *äußeren* Hindernissen, die ich der fremden Begehrlichkeit entgegenstelle, gesellen sich noch die *unsichtbaren* Schranken hinzu, mit denen das Recht mein Eigenthum umgiebt: die Rechtsordnung, der im Volk verbreitete Rechtssinn, die Furcht des Diebes vor Entdeckung und Strafe. Die wenigen Artikel des Strafgesetzbuchs über Diebstahl, Raub, Selbsthülfe wiegen mehr als alle jene mechanischen Sicherungsmittel; man denke sich jene hinweg, und es würde sich sofort zeigen, wie wenig letztere zu bedeuten haben.

Ausschließlich auf jenen moralischen und rechtlichen Garantieen aber beruht die Sicherheit des Besitzes in den oben genannten und bei einer großen Zahl unten zu nennender Fälle. Wenn der Besitzer des Grundstücks nahezu sicher sein kann, daß kein Anderer seine Abwesenheit benutzen wird, um sich den Besitz anzueignen, welchem andern Umstande verdankt er es als der Wirksamkeit *jener* Garantieen? *Sie*, nicht sein physisches Verhältniß zur Sache, garantiren ihm die Savigny'sche Möglichkeit der willkührlichen Reproduction des ursprünglichen Verhältnisses; ohne sie würde sein Vertrauen auf diese Möglichkeit um nichts begründeter sein, als seine Hoffnung, das große Loos zu gewinnen, d. h. sie würde eine rein abstracte Möglichkeit sein; der erste Beste würde ihr ein Ende machen. Es ist einer der folgenreichsten, verhängnißvollsten Irrthümer, die in der ganzen Besitzeslehre begangen sind, daß man die Sicherheit des Besitzes, und damit ihn selber auf den Gesichtspunkt der mechanischen Sicherung, der physischen Herrschaft gegründet hat; die Sicherheit des Besitzes beruht ganz wesentlich auf dem ihm ertheilten Rechtsschutz.

5. Ueber die Frage, an welches äußere Verhältniß zur Sache der Gesetzgeber diesen Schutz zu knüpfen hat, entscheiden die praktischen Motive des Verkehrslebens.

Nach der hier bekämpften Ansicht, der zufolge der Gesetzgeber sich bei dem Besitzinstitut lediglich durch die Idee leiten zu lassen hätte, daß die physische Macht des Menschen über die Sache rechtlichen Schutz verdiene, würde ihm sowohl wie der Jurisprudenz im Wesentlichsten nichts Anderes obliegen, als den Begriff der physischen Herrschaft und die Fälle, wo sie anzunehmen ist, möglichst genau zu bestimmen. Dem gegenüber würde es nur als eine Verkennung dieser Aufgabe von Seiten des römischen Rechts gelten können, wenn dasselbe in Fällen einen Besitz statuirt, wo es an dieser Voraussetzung völlig fehlt[170].

Ist aber der Ausgangspunkt des Gesetzgebers der von

170) Außer den oben (These 1) genannten Fällen nenne ich den Besitzerwerb des Vaters an den Pekuliargegenständen eines Sohnes, von dessen Existenz er gar keine Kunde hat, l. 4 de poss. (41 2) .: quamvis ignoret in sua potestate filium. Amplius etiam si filius ab alio tanquam servus possideatur.

uns früher entwickelte: die Idee einer Vervollständigung des Eigenthumsschutzes, so entscheiden über die Frage, wo der Besitzesschutz zu gewähren, nicht sprachliche Untersuchungen über das Wort Besitz, sondern die Interessen des Eigenthumsinstituts, und die ganze Frage von dem Verhältniß des Besitzes und Besitzesschutzes dreht sich in der bereits oben (S. 123) bemerkten Weise dahin um: nicht da, wo im Sinne der Sprache ein Besitz vorliegt, ist der Besitzesschutz zu gewähren, sondern wo letzterer zu ertheilen, ist juristisch Besitz anzunehmen, einerlei ob der vulgäre Sprachgebrauch des Lebens damit übereinstimmt oder nicht.

Das Eigenthumsinteresse also bestimmt den Besitzesschutz und damit den Besitzbegriff; wo jener aus praktischen Gründen zu gewähren ist, ist der Zustand der Sache vom Juristen als Besitz zu bezeichnen, selbst wenn er (wie z. B. beim flüchtigen Sklaven) von dem Besitz im natürlichen Sinn des Worts nicht das Geringste an sich trägt.

6. Das Eigenthumsinteresse widersetzt sich der Beschränkung des Besitzbegriffs auf die physische Innehabung der Sache.

Die Ausübung des Eigenthums mittelst der realen Benutzung der Sache läßt sich bei einer Menge von Sachen nicht an das Erforderniß einer persönlichen oder anstaltlichen Sicherung knüpfen, ihre ökonomische Bestimmung oder ihre natürliche Beschaffenheit bringt für sie sehr häufig den Zustand völliger Schutz- und Aufsichtslosigkeit mit sich. Der Landmann kann, um Einwirkungen Dritter auf seine Grundstücke auszuschließen, seine Wiesen und Aecker nicht mit Mauern umgeben, er kann bei seinem Heu, seiner Frucht, die auf dem Felde trocknen, bei dem Vieh, das auf seiner Weide grasen soll, keinen Wachtposten anstellen. Der Sennhirte verläßt im

Herbst die Alpe, der Gastwirth die Alpenwirthschaft, der Inne-haber der Sommerwohnung letztere, ohne daß sie Jemanden zur Bewachung des Hauses und des darin etwa zurückbleibenden Mobiliars zurücklassen [171]).

Wie viele Erwerbszweige machen es geradezu nothwendig, daß die Gegenstände, mit denen sie betrieben werden, offen und aufsichtslos im Freien liegen bleiben! Der Jäger läßt seine Fallen, Schlingen und Dohnen, der Forstmann das geschlagene Holz ohne Aufsicht im Walde zurück, der Fischer sein Netz im Fluß, der Steinbrecher die Steine im Steinbruch, der Bergmann die Braunkohlen, Steinkohlen u. s. w. an der Gewinnungsstelle, der Baumeister die Baumaterialien am Bauplatz, der Schiffer ladet Sand, Steine, Holz am Löschungsplatz aus, ohne daß Jemand zur Bewachung bestellt wird, und wie manches Schiff bleibt in der Winterszeit leer im Hafen, während die Mannschaft das Haus aufsucht, wie mancher Kahn liegt am Ufer, ohne anders befestigt zu sein, als so, daß ihn Jeder losmachen kann [171a]). In den meisten dieser Fälle würde das Erforderniß einer besondern custodia zum Zweck der Aufrechthaltung des Besitzes ohne Zweifel

171) Das „neue Beispiel aus heutiger Zeit", welches Baron in diesen Jahrb. VII S. 144 in den Sommerwohnungen als Gegenstück zu den saltus aestivi und hiberni entdeckt zu haben glaubt, findet sich schon bei Theophilus IV 15 §. 5 (προάστεια, suburbana).

171a) Wenn Baron in diesen Jahrbüchern VII. Nr. 2 den Versuch unternommen hat, die Fortdauer des Besitzes auf die custodia zu gründen, so reichen schon die obigen Fälle allein aus, um die Unhaltbarkeit seiner Ansicht nachzuweisen. Seine „objective" custodia, welche vom Grundstück selber an allen darauf befindlichen Gegenständen für den Besitzer ausgeübt werden soll, leistet nicht einmal den Dienst einer Vogelscheuche, denn letztere hält wenigstens mitunter die Sperlinge ab, jene custodia des Grundstücks keine Seele. S. dagegen Ad. Exner, die Lehre vom Rechtserwerb durch Tradition nach österreichischem und gemeinem Recht, Wien 1867 S. 109 fl.

dahin führen, daß man es vorzöge, lieber gänzlich auf den Besitzesschutz zu verzichten, als sich ihn in einer Weise zu erkaufen, die im höchsten Grade lästig, kostspielig, ja für einige Fälle praktisch geradezu unausführbar sein würde. Der Gesetzgeber würde damit also den Besitzesschutz für diese Verhältnisse so gut wie versagen. Und wozu das? Lediglich der fixen Idee zu Liebe, daß der Besitz die körperliche Innehabung der Sache sei!

Aber diese Idee ist eben eine grundfalsche; der praktisch allein mögliche Besitzbegriff kann kein anderer sein, als:

7. Der Sachenbesitz ist die Thatsächlichkeit des Eigenthums.

Nur er allein vermag die vollständige Deckung zwischen Eigenthum und Besitz herzustellen, wie sie durch das Interesse des Verkehrs geboten ist. So erfaßt, bleibt der Besitz der ökonomischen Verwerthung des Eigenthums unausgesetzt zur Seite, und der Eigenthümer hat nicht zu fürchten, daß das Recht ihn im Stich läßt, wenn er die Sache in einer Weise benutzt, wie ihre Bestimmung es mit sich bringt.

8. Die äußere Form dieser Thatsächlichkeit bestimmt sich nach Verschiedenheit der Sachen verschieden.

Eine Besitztheorie, welche, wie die herrschende es thut, den Einfluß des Moments der Verschiedenheit der Sachen auf die äußere Gestalt des Besitzverhältnisses übersieht und für alle Sachen dieselbe Formel aufstellt, ist von vornherein verfehlt; sie führt zu völlig widersinnigen Resultaten. Behalte ich den Besitz an dem Mist oder Lehm, den ich auf mein Grundstück habe fahren und dort den Winter über habe liegen lassen, so muß ich dieser Theorie zufolge auch den Besitz an den Koffern, Kisten, Kästen behalten, mit denen ich dasselbe thue — die Reproduction des ursprünglichen Verhältnisses, d. h. das Hinausgehen zum Grundstück ist in dem einen Fall nicht schwieriger als in dem andern. Verliere ich aber den Besitz an den letztgenannten Sachen, weil ich sie nicht mehr unter meiner custodia habe, so muß jener Theorie zufolge dasselbe auch von dem Mist und Lehm gelten.

Das römische Recht hat den Einfluß, welchen die Verschiedenheit der ökonomischen Verwendung der Sachen ausübt, in vielen Fällen anerkannt, so für die saltus aestivi et hiberni [172]), die Sklaven [173]), die Thiere [174]) und ganz allgemein in Bezug auf den Gegensatz der beweglichen und unbeweglichen Sachen [175]). Der Gesichtspunkt, durch den es sich dabei hat leiten lassen, ist kein anderer, als der von uns aufgestellte. Die normale Form, in welcher der Eigenthümer sein Eigenthum ausübt, besteht bei den saltus aestivi et hiberni darin, daß er sie nur periodisch benutzt, periodisch aber verläßt, bei den Sklaven darin, daß er sie (insofern sie nicht zu einem Mißtrauen Anlaß geben) frei umher gehen läßt, ja sie sogar auf Reisen schickt und in der Ferne seine Geschäfte durch sie besorgen läßt [176]), bei den Hausthieren und den gezähmten wilden Thieren darin, daß er sie frei ein- und ausgehen läßt [177]). Bei der Mehrzahl der beweglichen Sachen dagegen besteht diese Form darin, daß der Eigenthümer dieselben in seinem Hause hat, und diese Kategorie von Sachen hat Celsus im Auge, wenn er in der l. 3 §. 13 cit. die Regel aufstellt: „res mobiles excepto homine, quatenus sub custodia nostra sint, hactenus possideri".

172) l. 3 §. 11 de poss. (41. 2) .. quamvis certis temporibus eos relinquamus.

173) l. 3 §. 13 ibid. excepto homine l. 13 pr. ibid.

174) l. 3 §. 13—16 ibid.

175) l. 3 §. 13 cit. res mobiles.

176) l. 1 §. 14 h. t. quos in provincia habemus.

177) l. 4. l. 5 §. 5, 6 de A. R. D. (41. 1). l. 3 §. 13, 16 cit.

Daß diese Regel nicht für solche Sachen gilt, bei denen eine custodia in jenem Sinn nicht üblich ist, beweist das Beispiel des in der Schlinge gefangenen Wildes (l. 55 de A. R. D.). Entsteht an letzterem der Besitz sogar ohne custodia, um wie viel mehr dauert der Besitz an ihm und an der Schlinge selber fort. Und geht der Besitz an den in's Wasser gefallenen Sachen nicht sofort unter[178]), um wie viel weniger, wenn Baumaterialien auf dem nicht unter meiner unmittelbaren Aufsicht stehenden Bauplatz lagern. So ist es mir denn nicht im Mindesten zweifelhaft, daß in allen oben (S. 160) aufgeführten Fällen trotz der Aufsichtslosigkeit der Sache die Fortdauer des Besitzes anzunehmen ist.

Dem entsprechend dürfen wir sagen:

9. Das Dasein des Besitzes ist eine einfache Erfahrungsthatsache, eine Frage des täglichen Lebens.

Die Frage, ob ein Besitz anzunehmen, beantwortet sich einfach darnach, wie es die Eigenthümer mit der betreffenden Art von Sachen zu halten pflegen. Nach meiner Theorie kann jeder Bürger und Bauer diese Frage beantworten, nach der Savigny'schen kann es selbst der Jurist nicht, denn der Gesichtspunkt, dessen er sich zu dem Zweck bedienen soll, der der Möglichkeit und Unmöglichkeit der beliebigen Reproduction des ursprünglichen Verhältnisses ist, wie oben (S. 144 fl.) nachgewiesen, ein so unbestimmter und dehnbarer, daß der Urheber selber nicht im Stande gewesen ist, ihn mit Sicherheit durchzuführen — man kann mit ihm beweisen, was man Lust hat!

An diese Gestaltung des Besitzes knüpft sich folgeweise

10. Der große Vorzug der Erkennbarkeit eines bestehenden Besitzverhältnisses für dritte Personen.

Die Sache kündigt durch den Zustand, in dem sie sich

178) l. 13 pr. h. t. s. XIV.

befindet, ihr Besitzverhältniß selber an. Ist diese Lage für sie eine normale, so muß Jeder, der sie darin findet, sich sagen, daß dies räumliche Verhältniß nicht bloß auf Zufall, sondern auf Absicht beruht, daß die Sache eben darin ihre ökonomische Bestimmung erfüllt, dem Eigenthümer dient. Ist diese Lage für sie eine abnorme, so sieht er daran, daß die Sache sich dem Dienst ihres Eigenthümers entzogen hat, daß das Eigenthumsverhältniß thatsächlich gestört ist. Das Holz auf dem Bauplatz meldet mir, daß ein Besitz an ihm besteht, das Holz, das mir durch den Strom zutreibt, daß derselbe untergegangen ist, die Fallen und Schlingen im Walde, daß sie mit dem Willen, die Uhr, die dabei liegt, daß sie ohne den Willen des Eigenthümers hier liegen. Nach der Savigny'schen Theorie wird der Dritte in den meisten Fällen gar nicht im Stande sein, sich diese Frage vom Dasein des Besitzes zu beantworten, denn was weiß er davon: ob der Eigenthümer in der Lage ist, das ursprüngliche Verhältniß zu reproduciren, ob er nahe oder entfernt, ob er verreist, geflohen, krank, gestorben ist. Und doch ist die Möglichkeit der Beantwortung dieser Frage von großer Wichtigkeit, denn:

11. Für die Sicherheit des Besitzes ist die Sichtbarkeit oder concrete Erkennbarkeit desselben von entscheidender Wichtigkeit.

Für das Verhalten des Diebes ist zwar jene Eigenschaft ohne allen Einfluß, für das Verhalten aller ehrlichen Leute aber von maßgebendem Einfluß. Letztere lassen in dem obigen Beispiel das Wild unberührt, aber die Uhr nehmen sie mit sich, um sie dem wahren Eigenthümer zurückzustellen. Eben darum bin ich berechtigt, Denjenigen, den ich mit dem Wilde ertappe, für einen Dieb zu halten, denn das Nehmen des Wildes verträgt nur die Auslegung einer beabsichtigten Aneignung desselben — dem Finder der Uhr gegenüber bin ich nicht dazu berechtigt — denn seine Handlung erleidet eine doppelte Auslegung, und erst sein späteres Verhalten entscheidet darüber, welche von beiden die zutreffende war. Einen festen Anhaltspunkt für diese so wichtige Frage der diebischen Absicht gewinnt man, so weit ich sehe, nur mittelst meiner Theorie, die Savigny'sche läßt uns hier völlig im Stich.

Hiermit schließe ich die Betrachtung des äußerlichen Verhältnisses beim Besitz, des s. g. corpus. Es würde nunmehr übrig bleiben, auch die Congruenz des zweiten Elements des Besitzes, des animus, mit dem von mir aufgestellten Gesichtspunkt der Thatsächlichkeit des Eigenthums nachzuweisen. Wenn ich mich dieser Aufgabe an dieser Stelle völlig entziehe, so geschieht es zwar zunächst aus dem Grunde, weil ich mir, wie oben (S. 2) bemerkt, die Kritik des s. g. animus domini zum Gegenstande meines dritten Beitrages ausersehen habe; allein auch ganz abgesehen davon würde ich mich des näheren Nachweises hier entschlagen, da die Richtigkeit meines Gesichtspunktes nach dieser Seite hin in einer Weise offen und klar zu Tage tritt, daß selbst Savigny durch seine Formulirung des Besitzwillens als des animus domini für die Wahrheit desselben Zeugniß abgelegt hat — ein Zeugniß, das um so mehr in's Gewicht fällt, als jene Formulirung zu seinem Besitzbegriff meines Erachtens sehr wenig paßt. Denn ist der Besitz die physische Herrschaft über die Sache, wie kann der Besitzwille statt lediglich aus diesem Begriff, zugleich aus dem Eigenthumsbegriff seine Bestimmung erhalten? Aber die Inconsequenz, die Savigny damit gegen sich selbst begeht, beweist nur, wie wenig die innere Logik des Verhältnisses ihm an diesem Punkt ein Verkennen und Ausweichen verstattete.

So wird es mir auch ohne nähere Begründung vorläufig verstattet sein, meinen bisherigen Thesen die folgende anzureihen:

12. Der Gegensatz zwischen animus possidendi und alieno nomine detinendi findet nur in dem Gesichtspunkt der Thatsächlichkeit des Eigenthums eine befriedigende Erklärung.

Fasse ich das Resultat der bisherigen Ausführung zusammen, so hat sich der von mir aufgestellte Besitzbegriff nach allen Seiten hin vollständig bewährt: nach Seiten seiner legislativen Berechtigung und Nothwendigkeit, nach Seiten seiner einfachen praktischen Anwendbarkeit, nach Seiten seiner Uebereinstimmung mit dem römischen Recht. Alles, was letzteres über diese Materie enthält: die possessorischen Klagen, die Erfordernisse der Eigenthumsfähigkeit der Person und Sache, der Parallelismus zwischen Eigenthum und Besitz, die Bestimmung des corpus und des animus — Alles zusammen gravitirt um das Eigenthum als seinen unsichtbaren Mittelpunkt. Und indem wir uns dieser Thatsache bewußt werden und den Sachenbesitz dem entsprechend als die Thatsächlichkeit des Eigenthums erfassen, gewinnen wir damit die innerliche Verbindung zwischen dem Sachen- und dem Rechtsbesitz, nämlich den höheren Begriff des Besitzes, dem beide als Unterarten sich unterordnen, nämlich den Begriff:

13. Der Besitz ist die Thatsächlichkeit des Rechts.

Muß doch auch die Theorie der physischen Herrschaft den Begriff der Ausübung des Eigenthums zu Hülfe nehmen, um vom Sachenbesitz zum Rechtsbesitz zu gelangen (Savigny S. 192). Aber anstatt sich die so nahe liegende Frage vorzulegen, ob denn die Begriffe der physischen Herrschaft über die Sache und der Ausübung des Eigenthums sich decken, und anstatt Rechenschaft darüber zu geben, warum beim Sachenbesitz die Ausübung des Rechts an die physische Herrschaft gebunden ist, während sie es bei dem Quasibesitz unzweifelhaft nicht ist, geht sie eiligen Fußes an jenem so inhaltsreichen Gesichtspunkt vorüber — er wird nur in Scene gesetzt, um sofort, nachdem er seinen Dienst gethan, wieder zu verschwinden. Ja, das Vorurtheil, daß das Wesen des Besitzes in der physischen Herrschaft gelegen sei, geht so weit, daß Savigny (S. 193) dem Quasibesitz sogar sein Anrecht auf den Namen Besitz bestreitet und in diesem Mitgebrauch des Namens — diesem treffendsten Zeugniß für die von der juristischen Abstraction documentirte Erkenntniß ihrer inneren Gleichartigkeit — nur eine durch die Armuth der Sprache herbeigeführte dira necessitas erblicken will — — als würde es den Römern Schwierigkeiten gemacht haben, den Ausdruck, dessen sich die quasipossessorischen Interdicte zur Bezeichnung des Verhältnisses bedienen („usus es“), mittelst irgend eines Zusatzes z. B. als „usus juris“ auch für den Quasibesitz zu verwenden!

Die Bezeichnung der Thatsächlichkeit des Servitutverhältnisses mit dem Ausdruck der juris possessio von Seiten der römischen Jurisprudenz ist in meinen Augen der beste Beweis, daß das, was sie sich unter possessio beim Eigenthume dachten, der Ausdehnung auf jenes Verhältniß nicht widerstrebte, d. h. daß es nicht die physische Macht über die Sache war, sondern die Thatsächlichkeit des Eigenthums.

Es soll im Folgenden unsere Aufgabe sein, den gewonnenen Gesichtspunkt an der Lehre vom Erwerb und Verlust des Besitzes im Einzelnen seine Probe bestehen zu lassen. Vorher sei es mir vergönnt, einen allgemeinen Ausspruch unserer Quellen mitzutheilen, der mir, wie als Abschluß der ganzen bisherigen Untersuchung, so als Motto der folgenden dienen soll. Ich lege solchen allgemeinen Aussprüchen eine höchst geringe Beweiskraft bei, aber für den Zweck, für den ich den folgenden hier gebrauchen will, nämlich als bloße quellenmäßige Formulirung meiner ganzen Besitztheorie, darf er sich immerhin sehen lassen. Es ist der Ausspruch der l. 2 Cod. de poss. (3. 32) .. cum ipse proponas te diu in possessione fuisse omniaque ut dominum gessisse. Ich wüßte nicht, wie ich selber meinen Gesichtspunkt der Thatsächlichkeit des Eigenthums besser lateinisch wiedergeben sollte, als mittelst dieser Worte:

Omnia ut dominum gessisse.

XIII.

4. Anwendung auf den Erwerb des Besitzes.

Für den Besitz hat die Entstehungsfrage eine ungleich geringere Bedeutung als für das Eigenthum; bei letzteren nämlich fällt sie mit der Daseinsfrage völlig zusammen — wer sein Eigenthum beweisen will, kann es nur, indem er einen Entstehungsgrund nachweist — beim Besitz nicht, denn wo es bloß auf das Bestehen eines factischen Zustandes ankommt, der als solcher sich beweisen läßt, wie z. B. das Leben oder das Haben einer Sache, würde es zwecklos sein, auf die Entstehung desselben zurückzugehen. Wenn dennoch auch beim Besitz die Frage von seiner Entstehung aufgeworfen wird, so liegt der Grund davon theils in dem Interesse, das sich an den Anfangsmoment des Besitzes knüpft (Usucapion), theils in der Beweiserleichterung, die das Zurückgehen auf die Entstehung des Besitzes für den Beweis seines Daseins unter Umständen gewähren kann. Auch für unsere heutige Praxis gilt derselbe Grundsatz, den Paulus Sent. Rec. V. 11 §. 2 für die römische bezeugt: sufficit ad probationem (traditae possessionis), si rem corporaliter teneam. Um den Besitz an meinem Hause, meinem Vieh u. s. w. zu beweisen, habe ich nicht nöthig, den Besitzerwerb zu beweisen, der Augenschein documentirt mich als Besitzer. Ebenso rücksichtlich des

Ackers, den ich bisher bestellt habe. Aber wie, wenn es sich um den Besitz eines Grundstücks handelt, das ich im Winter gekauft und tradirt erhalten und bisher noch nicht bestellt habe? Wie soll hier der Besitz als Zustand bewiesen werden? Man sieht, hier bleibt nichts übrig, als auf den Akt des Besitzerwerbs zurückzugehen.

Nun haben wir oben (S. 164) gefunden, daß gerade die Sichtbarkeit des Besitzes auf die Sicherheit desselben von entscheidendem Einfluß ist, und auf diese Sichtbarkeit des Besitzes ist meines Erachtens die ganze Lehre vom Erwerb des Besitzes zurückzuführen: Der Eigenthümer der Sache soll sichtbar werden, „omnia ut dominum fecisse oportet."

Wie wird er sichtbar? Es ist verkehrt, wenn man den Besitzerwerb schlechthin auf den Apprehensionsakt des Besitzers stellt; dann läßt sich das Erforderniß der Gegenwart des Besitzers bei der Sache gar nicht umgehen, oder nur so, daß man, wie Savigny dies in der That thut (s. oben S. 138), sich selber nicht daran kehrt. Der Ziegelfabrikant hat in meinem Auftrage die bei ihm bestellten Steine auf meinen Bauplatz, der Verkäufer des Mistes letzteren auf meinen Acker, der Gärtner die Bäume in meinen Garten geschafft; muß ich mir die Sachen erst ansehen, um Besitz zu erwerben? Ebensowenig, wie das Faß Wein, das in meiner Abwesenheit auf meiner Hausdiele abgeladen, das Bücherpacket, das auf meinen Vorplatz niedergelegt ist[179]). Oder sollte das, was l. 18 §. 2 de poss. (41. 2) und l. 9 §. 3 de J. D. (23. 3) für die Ablieferung in der Wohnung bestimmen (in mea

179) Exner, die Lehre vom Rechtserwerb durch Tradition. Wien 1867. S. 92 fügt noch den zum Zweck der Aufnahme von Almosen an öffentlichen Orten aufgestellten Opferstock hinzu.

domo deponere — inferantur in domum ejus), nur von letzterer, nicht auch von dem Hofraum, Garten, Bauplatz u. s. w. gelten? Muß ich, um den Besitz zu erwerben an den Eiern, die meine Hühner und Tauben gelegt, oder an den Jungen, die sie ausgebrütet haben, mir dieselben erst ansehen?

In allen diesen Fällen wäre es eine zwecklose Formalität, wenn der Besitzer sich erst zur Sache hinaus verfügen sollte, um den Besitz zu erwerben, denn das bloße Sehen — und ein Ergreifen der Sache ist ja für den Besitzerwerb nicht nöthig — ändert an ihrer Lage nichts. Letztere reicht vollkommen aus, um ihn als den thatsächlichen Eigenthümer jedem Dritten zu signalisiren.

In allen diesen Fällen, zu denen sich der der Occupation des Wildes und der Fische mittelst der ausgestellten Fallen und ausgeworfenen Netze (S. 139) und der Besitz- und Eigenthumserwerb des Herrn der Heerde an den durch den Usufructuar summittirten Stücken[180]) hinzugesellt, entsteht also der Besitz in Abwesenheit und ohne Apprehension von Seiten des Besitzers, seinen auf Erwerb gerichteten Willen vorausgesetzt. Muß letzterer noch erst bewiesen werden? Gewiß nicht! Das thatsächliche Verhältniß schließt die Präsumtion des Besitzwillens in sich, „**sufficit ad probationem, si rem corporaliter teneam**", es ist die Sache des Gegners, den Mangel des Willens zu behaupten und zu beweisen. Nach meinen früheren Ausführungen werde ich die innere Beziehung, welche in den obigen Fällen zwischen der zu erwerbenden Sache und der Lage, durch welche der Erwerb vermittelt wird, obwaltet, nicht mehr genauer zu erörtern brauchen. An dem Mist, der in meiner Abwesenheit auf mein Grundstück gefahren wird, erwerbe ich sofort den Besitz, aber nicht an dem Ohm Wein,

---

180) l. 69 de usufr. (7. 1) substituta statim domini fiunt.

das ich unsinnig genug wäre, dort abladen zu lassen. Der Jäger wird Besitzer des Wildes, aber nicht des Taschentuchs, das in seine Fallen geräth, und daraus, daß ich an den leblosen Sachen, die auf den Vorplatz meiner Wohnung niedergelegt werden, den Besitz erwerbe, folgt nicht, daß dasselbe rücksichtlich des Kanarienvogels oder Affen geschieht, den der Ueberbringer, der Niemanden vorfindet, an den er ihn abliefern kann, dort seiner natürlichen Freiheit überläßt. Die Lage der Sache, welche mir den Besitz gewähren soll, muß eine solche sein, wie sie bei dieser Art von Sachen im Leben vorzukommen pflegt.

Wenden wir uns jetzt dem durch einen persönlichen Apprehensionsakt vermittelten Besitzerwerb zu, so würde der Gesichtspunkt der physischen Herrschaft, auf den Savigny ihn zurückführt, sich mit dem meinigen der Thatsächlichkeit des Eigenthums ganz wohl vertragen. Wie kann der Eigenthumswille deutlicher documentirt werden, die Thatsächlichkeit des Eigenthums sichtbarer hervortreten, als indem man die Sache in seine physische Gewalt bringt? Allein, jener Gesichtspunkt reicht in der That nicht aus, es giebt Fälle, wo er vorliegt, und gleichwohl der Besitzerwerb verneint, und andere, wo er fehlt, und letzterer dennoch angenommen wird. Der Erbe entnimmt aus den Papieren seines Erblassers, daß derselbe an einer bestimmten Stelle des von Erben bewohnten Hauses einen Schatz eingemauert hat, er verfügt sich zu dieser Stelle und constatirt die Uebereinstimmung des Platzes mit der vom Erblasser gegebenen Beschreibung. Hat er damit den Besitz an dem Schatz erworben? Savigny (s. oben S. 140) bejaht die Frage, und dasselbe geschah von Seiten einiger früheren römischen Juristen, während die neuere Jurisprudenz sie verneinte und für den Besitzerwerb das „loco movere" des

Schatzes verlangte[181]). Warum? Sabinus antwortete: quia non sit sub **custodia**. Physische Macht kann er darunter nicht verstanden haben, denn an der fehlt es nicht, läßt doch Papinian in der citirten l. 44 den Eigenthümer den Schatz „custodiae causa", d. h. der mehreren physischen Sicherung wegen vergraben. Aber was fehlt, ist das thatsächliche Verhältniß, in das Jeder, der wirklich die Absicht hat, sich die Sache anzueignen, sie bringen wird, das loco movere enthält die **Constatirung des Eigenthumswillens**, das „Omnia ut domino fecisse", in Bezug auf den **Erwerb** der Sache. Setzen wir einen andern Fall. Es findet Jemand im Freien eine Sache, es paßt ihm aber nicht, sie sofort mitzunehmen, und er beschließt später zurückzukommen, um sie zu holen, inzwischen aber kommt ihm ein Anderer zuvor. Wer von Beiden hat den Besitz erworben? Meiner Ansicht nach nur der letztere, denn der erstere hat zwar die physische Herrschaft über die Sache momentan gehabt, und nach **Savigny** würde dieser Umstand ausreichen, um ihm den Besitz zu **verschaffen**, die Möglichkeit der willkührlichen Reproduction aber würde genügen, um denselben zu **erhalten**, allein ich meinerseits spreche ihm gleichwohl denselben ab, denn er hat nicht gethan, was jeder Andere, dem an der Sache etwas gelegen war, in dieser Lage gethan haben würde. Ein fremder Bienenschwarm hat in meinem Baum gebaut, ein Anderer hat sich den Schwarm und die Honigwaben angeeignet (s. oben S. 139); hat er einen Diebstahl begangen? Nein! sagt der Jurist in l. 5 §. 2, 3 de A. R. D. (41. 1). Rücksichtlich des Bienenschwarmes mag man mir mit Recht die physische Gewalt absprechen, denn er kann jederzeit wieder fortfliegen, aber die Waben sitzen fest. Wenn mir gleichwohl auch an ihnen der

181) l. 3 §. 3, l. 44 pr. de poss. (41. 2), l. 15 ad exh. (10. 4).

Besitz aberkannt wird, so kann ich den Grund wiederum nur darin erblicken, daß ich nicht gethan, was ich, wenn ich einen Werth auf sie gelegt hätte, uicht unterlassen haben würde, nämlich sie zu mir zu nehmen. Es sind Sachen meines Nachbarn in meinen Garten oder auf meinen Hofraum gefallen; habe ich denn Besitz an ihnen? An der physischen Gewalt fehlt es mir nicht, und da ich den Zustand, in dem sie sich befinden, kenne und fortbestehen lasse, so sollte man sagen, ich hätte auch den Willen. Gleichwohl spricht die l. 5 §. 5 ad exh. (10. 4) mir den Besitz ab. Warum? Ich kann darauf nur die obige Antwort ertheilen: ich habe den Willen, sie mir anzueignen, nicht an den Tag gelegt; bringe ich sie dagegen in meine Scheune, so habe ich den Besitz erworben.

Fassen wir das Resultat unserer bisherigen Betrachtung zusammen, so hat sich uns der Gesichtspunkt der physischen Herrschaft für den Besitzerwerb in keiner Weise bewährt, weder in den Fällen, wo derselbe in Abwesenheit des Besitzers ohne letztere erfolgt, noch wo er ihres Vorhandenseins wegen erfolgen müßte. An Stelle dieses Gesichtspunkts hat sich uns vielmehr ein anderer als der maßgebende erwiesen, den wir mit dem Ausdruck der thatsächlichen Constatirung der Eigenthumsabsicht bezeichnen wollen. Ihm zufolge wird derjenige Besitzer, der die Sache in eine Lage gebracht hat oder hat bringen lassen, welche dem Eigenthum correspondirt, und die ihn daher als denjenigen verkündigt, welcher letzteres beansprucht. Versuchen wir, ob es uns gelingt, diesen Gesichtspunkt auch für die noch übrigen Fälle des Besitzerwerbs zur Geltung zu bringen.

Bei den meisten Sachen fällt dieser Zustand mit der körperlichen Innehabung zusammen, die beweglichen Sachen hat man regelmäßig bei sich oder in seinem Hause, das Haus selber bewohnt man, bei ihnen also documentirt sich die auf

Eigenthum gerichtete Absicht einfach durch Begründung dieses Zustandes — der Apprehensionsakt ist nur der erste Moment dieses Zustandes. Aber bei gewissen Sachen ist eine Apprehension in diesem Sinn gar nicht möglich. Bei allen unbeweglichen Sachen nämlich, welche frei und offen liegen: Aeckern, Weiden, Wiesen, Wäldern, Seen, Bauplätzen fällt diese körperliche Innehabung oder sagen wir mit Savigny: die physische Herrschaft hinweg, das Eigenthum an ihnen äußert sich also nicht in dem Zustand der Sache selber, sondern in einzelnen, periodisch sich wiederholenden Handlungen des Besitzers. Den Eigenthümer des Ackers erkennt man daran, daß er pflügt und erndtet, der Wiese, daß er Heu macht u. s. w. Eigentlich müßte also hier zum Zweck der Erlangung des Besitzes eine wiederholte ungestörte Vornahme jener Handlungen verlangt werden. Wenn nun das Recht von diesem Erforderniß abstrahirt und hier der realen Begründung des Besitzes eine andere, lediglich auf die Manifestation der rechtlichen Absicht gerichtete substituirt, so soll zwar die Nothwendigkeit dieser Gestaltung des Verhältnisses nicht verkannt werden, aber ebensowenig dürfen wir die eigenthümliche Bewandtniß, die es hier mit dem Besitzerwerb hat, übersehen. Der Käufer des Ackers oder Waldes soll Besitz an ihm ergreifen. Was thut er zu dem Zweck? Er verfügt sich allein oder mit dem Verkäufer zu ihm hinaus. Was weiter? Kann er sehen, sieht er sich das Grundstück an; ist er blind, so fällt selbst das Sehen hinweg, und er kommt zurück mit dem Bewußtsein, sich dadurch nach der Theorie der Juristen die physische Herrschaft über das Grundstück angeeignet zu haben! Aber, wäre dies wahr, so müßte dasselbe gelten, wenn irgend ein Anderer ebenfalls den Spaziergang machte mit der Absicht, sich den Besitz anzueignen; für ihn aber hat der Spaziergang und das Sehen nicht den geringsten Erfolg. Damit vergleiche man des Gegensatzes wegen den Besitzerwerb bei beweglichen Sachen. Derselbe Akt des Nehmens, der ausreicht, um dem Käufer den Besitz zu verschaffen, reicht auch beim Diebe und Räuber aus. Woher diese Verschiedenheit? Wenn man antwortet: weil an unbeweglichen Sachen eine Dejection des Besitzers in seiner Abwesenheit nicht möglich ist, und weil ein neuer Besitz nicht entstehen kann, so lange der alte fortbesteht, so ist damit nichts erklärt, denn warum dauert bei der unbeweglichen Sache der Besitz fort, bei der beweglichen aber nicht? Ist die Anwesenheit auf dem Grundstück mit der Absicht, Besitz zu ergreifen, an sich ausreichend, die physische Herrschaft und damit den Besitz zu verschaffen, warum bloß in der Person des Käufers, warum nicht auch in der des unrechtmäßigen Occupanten? Eine befriedigende Antwort darauf gewinnt man nur, wenn man der Wahrheit die Ehre giebt und anerkennt, daß jener Akt überall nicht die physische Herrschaft über das Object gewährt, sondern lediglich dazu dient, den mit beiderseitigem Einverständniß erfolgenden Besitz- und Eigenthumsübergang zu constatiren. Was dem dazu dienenden Akt an realer Kraft und Wirksamkeit, d. h. in Bezug auf die physische Bewältigung der Sache abgeht, wird ersetzt durch die rechtlichen Umstände, welche ihn begleiten. Auf ihnen beruht der Nachdruck des ganzen Akts — man denke sie hinweg, und was übrig bleibt, ist nichts als ein Spaziergang. Daß gerade letzterer allein im Stande sein sollte, den Apprehensionswillen zu documentiren, ist reines Vorurtheil, man könnte ebensogut jeden andern Akt dafür an die Stelle setzen, und es ist lediglich die äußere Gleichmäßigkeit des Apprehensionsaktes, was dem Spaziergang zu der Ehre verholfen hat, den Apprehensionswillen zu manifestiren. Während die Apprehension sonst ein realer Akt ist, auf den Zweck gerichtet, dem Empfänger die Sache wirklich in die Hände zu liefern, ist sie hier eine reine Form. Ich möchte wissen, welchen Unterschied es für den Käufer macht, ob er vor Gericht oder vor Notar und Zeugen seine Absicht erklärt, daß er hiermit den Besitz des ihm vom Verkäufer abgetretenen Grundstücks ergreifen wolle, oder ob er sich zu dem Zweck erst auf das Grundstück hinaus verfügt, um es zu sehen — ein Akt, den er jedenfalls bereits vorher vorgenommen hat, bevor er es kaufte. Die Sicherheit seines Besitzes ist in dem einen Falle so groß wie in dem andern, denn diese Sicherheit beruht nicht auf seinem Spaziergange, sondern auf folgenden zwei Umständen, erstens darauf, daß der bisherige Eigenthümer erklärt hat, daß er seine Rechte auf ihn übertrage, und zweitens darauf, daß dritte Personen, welche wissen, daß sie nicht Eigenthümer des fraglichen Grundstücks sind, den Besitz des Eigenthümers zu respectiren gewohnt sind [182]). Fehlt es ihnen oder dem Verkäufer an dieser Achtung vor dem fremden Besitz, so wird ihn sein Spaziergang gegen sie ebensowenig schützen, wie ein Notariatsinstrument.

Das Resultat meiner Deduction würde demnach darin bestehen: die Apprehension bei unbeweglichen Sachen der gedachten Art, weit entfernt, eine physische Macht über die Sache

182) So erklärt sich auch die l. 30 §. 5 h. t.: quod per colonum possideo, heres meus nisi ipse nactus possessionem, non poterit possidere; retinere enim animo possumus, apisci non possumus. Warum nach den bekannten Grundsätzen über den Besitzerwerb durch Stellvertreter die Verpflichtung des Pächters für den Verpächter zu besitzen nicht ausreichen soll, dem Erben den Besitz zu verschaffen (Savigny S. 313), ist mir nicht klar. Nach meiner Theorie erklärt sich die Entscheidung des Juristen ganz leicht: der Erbe soll sich dem Pächter als jetzigen Eigenthümer zu erkennen geben, und letzterer muß ihn als solchen anerkannt haben, damit er thatsächlich als Eigenthümer d. h. als Besitzer angesehen werden könne. Beides ist ohne Reise durch einen bloßen Brief, letzteres sogar durch bloßes Stillschweigen möglich.

gewähren zu sollen oder zu können, hat lediglich den Zweck, die auf Besitzübertragung gerichtete Absicht der Parteien zu constatiren. Wie man den Besitz auch definiren möge, ob als physische Herrschaft oder als Thatsächlichkeit des Eigenthums, in beiden Fällen erscheint sie als ein rein formeller Akt — um nichts besser als der Spaziergang der beiden Streittheile im altrömischen Vindicationsproceß! — dem man ebensogut jeden andern substituiren könnte, ja vor dem jeder andere, welcher der Thatsache die wünschenswerthe Publicität gäbe, z. B. Verkündigung in öffentlichen Blättern, unbedingt den Vorzug verdienen würde. Daß ich säe, pflüge, erndte, sehen meine Nachbarn, und daran erkennen sie, daß ich der Eigenthümer bin — das ist die echte Thatsächlichkeit des Eigenthums, die erfahrungsmäßig in den bei Weitem meisten Fällen mit dem wirklichen Eigenthum zusammentrifft — meinen Apprehensionsspaziergang sieht vielleicht Niemand, und wer ihn bemerkt, wie sieht er es ihm an, was er bedeuten soll?

Und doch soll von diesem leeren Akt oder richtiger von dem Beweise desselben Alles für mich abhängen! Man mache sich einmal klar, wohin die strenge Anwendung der Theorie hier führt. Heute war der Termin der Uebergabe, das Kaufgeld ist bezahlt, der Verkäufer hat erklärt, daß er Besitz und Eigenthum auf mich übertragen haben wolle. Gestern war ich noch auf dem Grundstück anwesend, aber heute paßt mir der Spaziergang nicht, ich verschiebe ihn auf gelegenere Zeit. Diesen Umstand benutzt der Verkäufer und veräußert doloser Weise das Grundstück inzwischen an einen Andern, der, klüger als ich, sofort sich hinaus verfügt. Hier würde letzterer Besitz und Eigenthum erworben haben! Heißt das nicht, der nackten, dürren Form ein Gewicht einräumen, wie sie es nur je zu Zeiten der altrömischen Jurisprudenz besessen, es aber in der spätern Entwickelung des römischen Rechts mehr und mehr verloren hat? Auch die mancipatio und die vindicatio erforderten ursprünglich die Anwesenheit beim Gundstück, aber die neuere Praxis setzte sich darüber hinweg [183]). Aber mit welchem Rechte können wir von einem Erforderniß Umgang nehmen, das einmal ganz bestimmt im römischen Recht ausgesprochen ist? Lassen wir das Erforderniß selber immerhin unangetastet, und versuchen wir, ob wir nicht auf dem Wege des Beweises zu dem gewünschten Ziel gelangen können. Der Käufer in unserm obigen Fall producirt ein Instrument, worin der Verkäufer anerkennt, daß er am heutigen Tage Besitz und Eigenthum auf den Käufer übertragen habe; soll letzterem noch der Beweis des vollzogenen Spaziergangs auferlegt werden? Das römische Recht giebt uns einen hinreichenden Anhaltspunkt zur Beantwortung dieser Frage. Sciendum est generaliter, sagt Ulpian in l. 30 de V. O. (45. 1) [184]), si quis se scripserit fidejussisse, videri omnia solenniter acta, und in §. 17 J. de inut. stip. (3. 19) heißt es: si scriptum fuerit in instrumento, promisisse aliquem, perinde habetur atque si interrogatione praecedente responsum est [185]). Justinian hat von diesem allgemeinen Grundsatz eine Anwendung gemacht [186]), die für unsere obige Frage insofern von besonderem Interesse ist, als es sich bei ihr gerade um das Erforderniß der Anwesenheit handelt. Sed cum hoc (das letztere Erforderniß), sagt er in §. 12 J. de inut. stip. (3. 19), materiam litium contentiosis hominibus

---

183) S. meinen Geist des R. R. II. S. 687—691.

184) Ebenso §. 8 J. de fidej. (3. 20).

185) Ebenso Paul. S. R. V. 7 §. 2.

186) l. 14 Cod. (8. 38) (s. oben S. 49 Note 59, wo sie versehentlich als l. ult. citirt ist). Sie gewährte außerdem noch eine andere erhebliche Beweiserleichterung, nämlich in Bezug auf den Beweis des Eigenthums an dem stipulirenden Sklaven.

praestabat, forte post tempus allegationes opponentibus et non praesentes fuisse vel se vel adversarios suos contendentibus, ideo nostra constitutio propter celeritatem dirimendarum litium introducta est, quam ad Caesarienses advocatos scripsimus, per quam disposuimus tales scripturas, quae praesto esse partes indicant, omnimodo credendas, nisi ipse, qui talibus utitur improbis allegationibus, manifestissimis probationibus vel per scripturam vel per testes idoneos approbaverit in ipso toto die, quo conficiebatur, sese vel adversarium suum in aliis locis fuisse. Gewiß eine der verständigsten Verordnungen, die Justinian je erlassen hat, und für unsern Fall ganz wie gemacht. Die Anwesenheit des Besitzerwerbers bei der Sache ist für die Tradition nicht wesentlicher als die der beiden Parteien für die Stipulation, und die Chikane eines Gegners, welcher der durch die Urkunde bezeugten Abtretung der Sache gegenüber noch erst den Beweis der wirklichen Anwesenheit verlangt, verdient keine günstigere Behandlung als diejenige, von der Justinian uns berichtet. Der Gegenbeweis, den Justinian vorbehält, würde für die Tradition nicht viel zu bedeuten haben.

Dem praktischen Erfolg nach würde damit das Erforderniß der Anwesenheit der Sache in allen Fällen, wo die erfolgte Tradition durch eine Urkunde bezeugt wird, umgangen sein, und zwar begreiflicherweise ohne Unterschied, ob die Sache eine bewegliche oder unbewegliche war.

Ob der Gesetzgeber nicht wohlthun würde, noch einen Schritt weiter zu gehen und das Erforderniß der Anwesenheit bei der Sache in solchen Fällen, wo es aller ernstlichen Bedeutung entbehrt, geradezu zu erlassen? Ich meines Theils würde darin nichts Bedenkliches erblicken. Ich berühre damit die vielbestrittene Frage von der symbolischen Tradition [187]), der ich bei dem Umfange, den diese Abhandlung bereits gewonnen hat, und bei dem nichts weniger als zwingenden Anlaß, mich näher mit ihr einzulassen, gern aus dem Wege gehe. Aber ich will wenigstens das Geständniß nicht unterdrücken, daß ich, weit entfernt, in diesem Begriff eine Verunstaltung und Mißbildung zu erblicken, darin vielmehr eine Fortbildung des Besitzbegriffs sehe. Was macht es denn für einen Unterschied, ob ich die Schlüssel zum Hause oder Gewölbe in unmittelbarer Nähe oder in einiger Entfernung von demselben ausgeliefert bekomme? Wirkt mein Wille, die Sache zu haben, wenn es sich lediglich um das rechtliche Haben, nicht um das factische Mitsichnehmen derselben handelt, nur auf 10 Schritt Distance? Man sollte glauben, daß es sich hier um eine, durch unmittelbare Einwirkung bedingte mechanische Manipulation handle; und man könnte zur Unterstützung die von der Hegel'schen Schule aufgebrachte Vorstellung des „seinen Willen in die Sache Hineinlegens" mit heranziehen und fragen: wie kann der Wille auf meilenweite Entfernung diese Procedur vollbringen? Die ganze Vorstellung ist eine rohe, ein Ausfluß jener rein äußerlichen Erfassung des Besitzes, welche, indem sie das ideale Moment desselben übersieht, den Nachdruck desselben ausschließlich auf das physische Moment wälzt (S. 157). Wer sich von diesem Vorurtheil frei gemacht hat, wird auch die symbolische Tradition anders ansehen, als man dies heutzutage allgemein thut. Letztere hat ihre Zukunft!

Es möge mir schließlich noch verstattet sein, ein Verhältniß zur Betrachtung heranzuziehen, an dem die Richtigkeit des von mir aufgestellten obersten Gesichtspunkts sich wiederum schla-

187) Die neueste, sehr eingehende Behandlung derselben s. bei Exner a. a. O. S. 152 fl.

gend bewährt: die eigenmächtige Occupation der Grundstücke abwesender Personen. Bekanntlich verschafft sie nicht sofort den Besitz, sondern erst dann, wenn letztere nach erhaltener Kunde keinen Versuch machen, den Besitz zu behaupten. Warum? Vom Gesichtspunkt der physischen Herrschaft aus läßt sich dies schlechterdings nicht erklären. Die physische Kraft, die der Occupant von Seiten seines Gegners zu fürchten hat, wird durch Ablauf eines Monats nicht geringer, die seinige, welche er ihm entgegenzusetzen vermag, inzwischen nicht stärker — physisch ändert sich durch Ablauf der Zeit nicht das Geringste. Aber, was sich ändert, was inzwischen wächst und erstarkt, ist das moralische oder ideale Moment des Besitzes, das ist nämlich die durch die Unthätigkeit des bisherigen Besitzers documentirte Anerkennung des gegenwärtigen Besitzstandes. Gerade diejenige Person, von welcher der Occupant allein einen Widerstand zu fürchten hatte, hat ihm denselben nicht entgegengesetzt, er gilt jetzt thatsächlich als der Berechtigte. Ganz so wie bei der Tradition unbeweglicher Sachen ist hier also nicht der physische Akt des Besitzerwerbes, sondern das Verhalten des bisherigen Innehabers das, was seinem Verhältniß zur Sache erst den Stempel des juristischen Besitzes aufdrückt.

Bei beweglichen Sachen knüpft sich der Besitzübergang auf den Dieb und Räuber lediglich an die körperliche Aneignung derselben, sagen wir mit Savigny: an die physische Herrschaft über die Sache, aber eben weil bei unbeweglichen Sachen der Besitz weniger auf dem physischen als dem rechtlichen Moment beruht, ist der Besitzerwerb hier nothwendigerweise anders gestaltet; was dem Verhältniß in der ersteren Beziehung abgeht, muß das letztere ersetzen.

XIV.

5. Anwendung auf den Verlust des Besitzes.

Ist der Besitz die Thatsächlichkeit des Eigenthums, so werden wir ihn für untergegangen erklären müssen, wenn die Sache in eine Lage gerathen ist, welche sich mit der regulären Art und Form, wie der Eigenthümer sich derselben zu bedienen pflegt, nicht verträgt. Immerhin mag ihm die Möglichkeit der Reproduktion des ursprünglichen Verhältnisses auch hier noch verbleiben — für unsere Theorie genügt dies nicht, denn ein Eigenthümer, dem etwas an der Sache liegt, begnügt sich nicht mit dieser bloßen Möglichkeit, legt nicht die Hände in den Schoß, sondern er rührt sich und stellt das gestörte Verhältniß zur Sache möglichst rasch wieder her. „**Omnia ut dominum fecisse**", dieser Gesichtspunkt bestimmt das zur Erhaltung des Besitzes erforderliche Verhalten des Besitzers. Was er zu thun hat, lehrt ihm sein Interesse, und gerade daran, daß er dies thut, erkennt man ihn als denjenigen, den die Sache angeht (**ad quem ea res pertinet**). Dies Interesse, thatsächlich documentirt durch die Art, wie man sich der Sache bedient und sich ihrer annimmt, wenn sie in Gefahr geräth, sie schützt und sichert, ist das Kennzeichen des wahren Eigenthümers. Wer dies Interesse verläugnet und sich damit gewissermaßen von der Sache lossagt, verliert den Besitz — denn er wird, wenn er auch Eigenthümer ist und bleibt, doch nicht als solcher sichtbar, der Besitz aber besteht ja eben in der Sichtbarkeit des Eigenthums — die **diligentia** des Eigenthümers ist ein unentbehrliches Erforderniß des Besitzers.

Der Gegensatz, in den ich damit zur Savigny'schen

Theorie trete, liegt auf der Hand. Der Savigny'sche Besitzer kann die im Walde oder auf offenem Felde niedergelegte Werthsache getrost dort liegen lassen; so lange ihm die Möglichkeit verbleibt, sie wieder zu holen, behält er seinen Besitz bei. Der meinige dagegen verliert letztern sofort, denn der regelrechte Eigenthümer läßt die Sachen dort gar nicht liegen. Der Savigny'sche Besitzer kann sein Grundstück verkommen und verwildern lassen, er kann fortziehen vom Ort, ohne es zu verpachten und ohne Jemandem die Aufsicht anzuvertrauen — er behält den Besitz — weil er irgend einmal, nach 10 oder 20 Jahren, wiederkommen kann. Nach meiner Theorie geht er seines Besitzes verlustig. So ist also das persönliche Verhalten des Besitzers, seine Sorgfalt oder seine Nachlässigkeit, Sorglosigkeit, Gleichgültigkeit nach der Savigny'schen Lehre ohne alle Bedeutung, nach der meinigen dagegen ganz entscheidend. Die Quellen sollen jetzt zwischen beiden Ansichten den Ausschlag geben.

Rerum mobilium, sagt Papinian in **l. 47 de poss. (41. 2), neglecta atque omissa custodia, quamvis eas nemo alius invaserit, veteris possessionis damnum afferre consuevit idque Nerva filius libris de usucapionis retulit.** Also: die Nachlässigkeit des Besitzers in Bezug auf die Aufbewahrung der Sachen, belehrt uns der Jurist, führt den Verlust des Besitzes herbei. Savigny (S. 341) verneint dies, die Stelle soll „nicht eine juristische Regel, sondern nur das, was aus der **omissa custodia** sehr oft erfolgt **(consuevit)**, ausdrücken." Dafür also soll ein Mann wie Papinian den Nerva zu Hülfe rufen, um ihn eine solche Plattheit sagen zu lassen: wer Geld und Geldeswerth auf der Straße liegen lasse, der riskire, daß es ihm gestohlen werde, wenigstens sei das schon häufig geschehen! Es wäre um nichts besser, als wenn Odysseus darum in die Unterwelt gestiegen wäre, um erst von Tiresias zu erfahren, daß alle Menschen sterben müßten! Aber was soll denn das consuevit bedeuten? Meines Erachtens die Verweisung auf dasjenige „consuevit“, das für das Recht das entscheidende ist: die Praxis der Rechtssprechung. Schon vielen, will Papinian sagen, ist der Besitz aberkannt, weil sie ihn nicht sorgsam gehütet haben. Glücklicherweise ist uns über die Ansicht des Nerva noch ein anderes Zeugniß aufbewahrt, welches uns über seine wahre Meinung nicht im Zweifel läßt, nämlich von Paulus in der l. 3 §. 13 ibid.:

Nerva filius, res mobiles excepto homine quatenus sub custodia nostra sint, hactenus possideri, id est [188]) quatenus si velimus, naturalem possessionem nancisci possimus.

Indem Nerva bei beweglichen Sachen mit Ausnahme der Sklaven die Fortdauer des Besitzes an die custodia knüpft, spricht er damit implicite den obigen Satz aus, daß eine Vernachlässigung der custodia den Verlust des Besitzes nach sich ziehe.

Aber nicht bloß bei den beweglichen Sachen begegnet uns das „negligere“ des Besitzers; in Anwendung auf unbewegliche bringt es die l. 40 §. 1 h. t. (neglexerit) und die l. 37 §. 1 de usurp. (41. 3 negligentia) ebenfalls mit der Frage von der Fortdauer des Besitzes in Verbindung.

Die Nachlässigkeit in Bezug auf die Erhaltung des Besitzes nimmt aber unsern Quellen zufolge eine doppelte Gestalt

---

188) Statt dieser durch die Autorität der Florentina unterstützten Lesart adoptirt Savigny die in einigen Manuscripten sich findende Variante: idem; s. dagegen Rudorff a. a. O. S. 675.

an; dieselben unterscheiden nämlich zwischen zwei Fällen der Nachlässigkeit: solchen, in denen erst die fortgesetzte, anhaltende, und solchen, in denen schon die momentane Nachlässigkeit den Verlust des Besitzes zur Folge hat. Es kann kritische Lagen für den Eigenthümer geben, wo er, wenn er sich die Sache oder den Besitz sichern will, sofort die nöthigen Schritte dazu thun muß; unterläßt er sie, so ist es um seinen Besitz geschehen. In andern Fällen dagegen ist die Lage der Sache, welche den Eigenthümer zum Handeln veranlassen muß, keine so unmittelbar dringende, es ist keine Gefahr im Verzuge, ein gewisser Aufschub daher ungefährlich, und erst die dauernde Unterlassung der Handlungen, die man von ihm erwarten darf, mit dem Vorwurf der Nachlässigkeit und dem entsprechend mit dem Nachtheil des Besitzverlustes zu belegen. Man könnte erstere als Fälle des akuten, letztere als Fälle des chronischen Besitzverlustes bezeichnen.

Der Eigenthümer hat seine Sache verloren, sein Vieh hat sich verlaufen; was wird er thun? Er wird sofort suchen. Findet er sie wieder, so hat er den Besitz nie verloren, findet er sie nicht, so hat er ihn eingebüßt. Aber wie, wenn er das Suchen völlig unterläßt, weil er zu bequem dazu ist oder es sich auf eine gelegenere Zeit aufschieben will? In der l. 3 §. 13 h. t., welche von den obigen beiden Fällen des Verlierens der Sache und des Verlaufens des Viehs handelt, wird dieses Verhaltens des Eigenthümers gar nicht gedacht. Wie ist also zu entscheiden? Dauert etwa der Besitz wegen der Möglichkeit der Reproduction des ursprünglichen Verhältnisses fort? Meiner Ansicht nach nicht. Abgesehen von der obigen l. 47 cit., welche die „omissa atque neglecta custodia“ bei beweglichen Sachen als Grund des Besitzverlustes anerkennt, glaube ich auch die Analogie des Besitzverlustes an unbeweglichen Sachen heranziehen zu dürfen. Dem abwesenden Eigenthümer wird die Nachricht gebracht, daß ein Anderer sein Haus in Besitz genommen habe; was wird er thun? Er wird sofort die nöthigen Maßregeln treffen, um den Occupanten wieder zu vertreiben. Wie aber, wenn er aus Furcht oder Bequemlichkeit es unterläßt? Dann verliert er den Besitz [189]). Warum? Weil er sein Recht im Stich gelassen, weil er bei einer Gelegenheit, wo Jeder erwarten konnte, denjenigen, „den die Sache angeht", zu sehen, sich nicht hat blicken lassen — er ist als Eigenthümer im kritischen Moment nicht sichtbar geworden. Ob die Sache durch dritte Personen, durch sich selber (Entlaufen des Viehs), durch Naturereignisse (Wegschwemmen der Balken, Forttreiben des Kahns) oder durch Gedankenlosigkeit oder Nachlässigkeit des Besitzers in eine solche kritische Lage gebracht wird, welche den sorgsamen Eigenthümer zu sofortigen Gegenmaßregeln veranlaßt, ist in meinen Augen völlig gleichgültig. Darum macht es auch keinen Unterschied, ob z. B. der Jäger seine Jagdtasche im Walde verliert oder sie absichtlich dort liegen läßt — der Zustand, in dem ein Dritter sie daselbst findet, ist nicht derjenige, in dem der Eigenthümer sein Eigenthum an ihr auszuüben pflegt, er dokumentirt eine Störung des normalen Eigenthumsverhältnisses, d. h. er ist ein besitzloser.

Fassen wir jetzt die Fälle der zweiten Classe in's Auge. Unsere Quellen bieten uns folgende Entscheidungen dar:

1) Die l. 40 §. 1 h. t. von Afrikan:

Si forte colonus, per quem dominus possideret, decessisset, propter utilitatem receptum est, ut

---

189) l. 3 §. 8, l. 7, l. 25 §. 2 h. t.

per colonum possessio et retineretur et continuaretur; quo mortuo non statim dicendum eam interpellari, sed tunc demum cum dominus possessionem apisci neglexerit.

Mit der Savigny'schen Theorie ist die Entscheidung, welche der Jurist hier trifft, unverträglich. Denn wird der Besitz des Verpächters durch den Tod des Pächters nicht sofort aufgehoben, so dauert er ihr zufolge, so lange keine Aenderung des bisherigen Zustandes eintritt, ununterbrochen fort, da ja dem Verpächter die Möglichkeit der Reproduction des ursprünglichen Verhältnisses ungeschmälert verbleibt. Aber diese bloße Möglichkeit, bei der der Besitzer die Hände in den Schooß legen kann, reicht in den Augen des Juristen nicht aus, ihm den Besitz zu erhalten, er verlangt von ihm, daß er selber dazu thue, sich denselben zu sichern [190]), daß er also nach dem Grundstück sehe, was daraus wird [191]), und entweder einen neuen Pächter darauf setze, oder es selber in Bewirthschaftung nehme. Inzwischen soll sein Besitz noch fortdauern (non statim interpellari), säumt er aber länger, als ein sorgsamer Mann es in seiner Lage gethan haben würde, so ist sein Besitz verloren. Warum? Weil er nicht als Eigenthümer sichtbar geworden ist, wo man es von ihm erwarten konnte.

Ein ähnliches Verhältniß, wie wenn der Pächter stirbt,

---

190) Wenn der Jurist diese auf Erhaltung des Besitzes gerichtete Maßregel mit „possessionem apisci" bezeichnet, so versteht er darunter die Wiedererlangung der bisher durch den Pächter ausgeübten corporalis possessio.

191) Denn der Erbe des Pächters ist nicht eo ipso Pächter, l. 60 §. 1 loc. (19. 2) Heredem coloni, quamvis colonus non est, nihilominus domino possidere existimo; möglicherweise ist ja gar kein Erbe da oder derselbe zur Zeit noch nicht bekannt.

tritt ein, wenn derselbe das Grundstück verläßt. Afrikan wollte hier den Besitz des Verpächters sofort untergehen lassen[192]), während zwei andere Juristen: Pomponius in l. 25 §. 1 und Paulus in l. 3 §. 8 h. t. sich für seine Fortdauer erklärten. Meinten sie damit seine unbeschränkte Fortdauer, selbst für den Fall, daß der Herr nach erhaltener Kunde fortdauernd unthätig bleibt? Ich nehme keinen Anstand, diese Frage entschieden zu verneinen; ob mit Recht, darüber bitte ich den Leser, sein Urtheil noch vorläufig zu suspendiren.

2) Die l. 37 §. 1 de usurp. (41. 3) von Gajus:

> Fundi quoque alieni potest aliquis sine vi nancisci possessionem, quae vel ex negligentia domini vacet vel quia dominus sine successore decesserit vel longo tempore abfuerit.

Savigny (S. 360) sucht diese Stelle mit seiner Theorie dadurch zu vereinigen, daß er bei dem Besitzer den Willen supponirt, den Besitz aufzugeben. Allein gegen eine solche Supposition kann der Besitzer sich auf Savigny selber berufen, denn Letzterer verstattet ihm (daselbst, Note) die Sache „aus Nachlässigkeit oder Abwesenheit ohne Aufsicht und Detention liegen zu lassen", und wenn von seiner Seite nichts weiter hinzukommt, um seinen Willen, den Besitz positiv aufzugeben, zu documentiren, so sehe ich nicht ein, worauf sich im concreten Fall die Annahme, daß „die Sache wirklich ohne Besitzer gewesen sein müsse" (Worte der citirten Note) stützen soll. Jene Unterscheidung selber ist in

---

192) „Aliud existimandum"; so die Florentina und die meisten Vulgatmanuscripte. Wenn Savigny (S. 369) der in einigen wenigen Manuscripten sich findenden Lesart: „idem existimandum" den Vorzug geben will, so s. dagegen Rudorff (S. 686 daselbst).

meinen Augen nichts als ein dialektisches Gaukelspiel — — wer versuchen will, diesen begrifflichen Gegensatz im concreten Fall anzuwenden, wird sich überzeugen, daß ihm jeder Anhaltspunkt dafür fehlt, daß es ganz seinem Belieben anheimgestellt ist, ob er sagen will: „die Sache sei aus Nachlässigkeit des Besitzers ohne Aufsicht und Detention" (gleichwohl aber noch im Besitz) oder „sie sei wirklich (sic!) ohne Besitzer gewesen".

Der Jurist unterscheidet in jener Stelle zwei Fälle der Besitzlosigkeit der Sache („possessio vacat"), den der verschuldeten („negligentia domini") und der unverschuldeten (Tod und längere Abwesenheit des Besitzers). Indem er die „negligentia domini" als Grund des Besitzverlustes aufführt, erkennt er damit den Gesichtspunkt, den ich hier zu beweisen habe, in Bezug auf die unbeweglichen Sachen ebenso klar und unzweideutig an, wie es die l. 47 cit. hinsichtlich der beweglichen Sachen gethan hat. Daß er den Besitz auch im Fall unverschuldeter Aufsichtslosigkeit untergehen läßt, hat nichts Befremdendes und steht mit meiner Ansicht nicht im Widerspruch. Denn begreiflicherweise geht letztere nicht dahin, daß der Besitz nur, sondern daß er auch wegen Nachlässigkeit verloren gehe. Das längere Leerstehen des Grundstückes ist ein Zustand, welcher mit der regulären Verwirklichungsform des Eigenthums an unbeweglichen Sachen ebenso sehr in Widerspruch steht, wie das Liegenlassen von Werthsachen auf freiem Felde — eine omissa atque neglecta custodia — eine Störung des normalen Eigenthumsverhältnisses. Wodurch die Störung veranlaßt ist, ob durch Naturzufälle oder menschliche Handlungen, ist gleichgültig.

Nur für einen Fall hat die spätere kaiserliche Gesetzgebung diesen Satz modificirt. Wenn nämlich das Motiv, weshalb der Besitzer die Cultur des Grundstücks längere Zeit unterlassen hat, in gegründeter Furcht besteht („metus necessitate"), so soll der l. 4 Cod. de acq. poss. (7. 32) von Diocletian (a. 290) zufolge: „ex transmissi temporis injuria ei praejudicium non generari." Es bedarf nicht der Bemerkung, daß diese Stelle die obige Theorie gerade dadurch indirect anerkennt, daß sie nur für den Fall der „metus necessitas" das „praejudicium", das sich sonst aus der unterlassenen Cultur ergeben würde, d. h. den Verlust des Besitzes ausschließt [193]).

Der Eigenthümer soll sein Grundstück bebauen. Das forderte schon in alter Zeit der Censor [194]), dasselbe schärfte die spätere kaiserliche Gesetzgebung ein, indem sie im Unterlassungsfalle Jedem, der Lust hatte, erlaubte, das Grundstück in Cultur zu nehmen und ihm nach zweijähriger Fortsetzung das Eigenthum des Grundstücks zusprach [195]). Dieselbe Erlaubniß ertheilte Vespasian rücksichtlich unbenutzter Bauplätze [196]). Durch die immissio wegen verweigerter Cautio damni infecti

193) Der Gegensatz, den die Stelle macht: si non derelinquendi animo non coluisti, ist, wie aus dem Bisherigen hervorgeht, kein erschöpfender; er mochte durch die Worte der Bittschrift veranlaßt sein.

194) Gellius IV, 12. Si quis agrum suum passus fuerat sordescere eumque indiligenter curabat ac neque araverat neque purgaverat sive quis arborem suam vineamque habuerat derelictui, non id sine poena fuit, sed erat opus censorium.

195) l. 8 Cod. de agro deserto (11. 58). Schon Pertinax hatte diese Occupation erlaubt, Guyet, Arch. f. civ. Pr. XVII S. 59. Eine Verschärfung und Abkürzung jener Maßregel s. l. 10, 14 Cod. ibid.

196) Suet. Vesp. c. 8 vacuas areas occupare et aedificare, si possessores cessarent.

geht der Besitz bekanntlich zunächst nicht verloren, bleibt aber das Mittel erfolglos, so erfolgt durch ein secundum decretum die Uebertragung von Besitz und Eigenthum. Diese Maßregel rechtfertigt Ulpian nun in der citirten Stelle mit dem Gesichtspunkt, daß man nach Verlauf einer gewissen Zwischenzeit (post aliquod intervallum) annehmen könne:

> quod pro derelicto aedes longo silentio dominus videatur habuisse.

Gewiß war es nicht die Meinung des Juristen, daß hier eine wirkliche Dereliction vorliege, sondern er wollte nur die scheinbare Härte der Maßregel damit rechtfertigen, daß der Eigenthümer durch seine gänzliche Gleichgültigkeit sich gewissermaßen selber von der Sache losgesagt habe und, um diesen letztern von uns oben ausgesprochenen Gesichtspunkt mit den Worten eines römischen Juristen wiederzugeben, glaubte ich auch dieser Stelle hier einen Platz einräumen zu dürfen.

3) l. 13 pr. h. t. von Ulpian:

> Pomponius refert, cum lapides in Tiberim demersi essent naufragio et post tempus extracti: an dominium in integro fuit per id tempus, quo erant mersi? Ego dominium me retinere puto, possessionem non puto.

Nach der Savigny'schen Erklärung (S. 340) würde Ulpian die Fortdauer des Besitzes hier aus dem Grunde verneint haben, weil es an der Möglichkeit der beliebigen Wiedergewinnung der Steine gefehlt hätte. Unter dieser Voraussetzung wäre der Besitz sofort verloren gewesen und das „post tempus" der Stelle wäre gänzlich bedeutungslos, wie denn Savigny es in der That völlig ignorirt. Aber das „post tempus" hat seine gute Bedeutung, es entspricht dem „non statim interpellari possessionem, sed tunc demum, cum dominus possessionem apisci neglexerit" der l. 40 §. 1 cit. Der Eigenthümer der Steine hatte längere Zeit verstreichen lassen, bevor er sich entschloß, sie heraufzuholen, und eben diese fortgesetzte Unthätigkeit steht mit der Handlungsweise des sorgsamen Eigenthümers, dem „omnia ut dominum fecisse" nicht im Einklang — er hat seine Sachen längere Zeit in einer Lage gelassen, die der normalen Gestalt des Eigenthums widerspricht.

Ein Seitenstück zu dem „post tempus" dieser Stelle gewährt das „diu" der folgenden.

4) Die l. 3 §. 10 h. t. von Paulus[197]):

> Si servus, quem possidebam, pro libero se gerat, ut fecit Spartacus et judicium liberale pati paratus sit, non videbitur a domino possideri, cui se adversarium praeparat; sed hoc ita verum est, si diu in libertate moratur.

Warum macht Paulus die letztere Beschränkung? Die Savigny'sche Theorie muß darauf die Antwort schuldig bleiben. Entweder ging der Besitz am Sklaven von Anfang an verloren oder er blieb bestehen; in dem letztern Fall muß er nach Savigny, wenn sich sonst nichts ändert, unausgesetzt fortdauern — die Zeit als solche hat nach Savigny über den Besitz keine Macht.

Nach meiner Theorie dagegen hat sie diese Macht, muß sie dieselbe haben, und gerade diese Bedeutung der Zeit bildet in meinen Augen eins der Hauptargumente für die Richtigkeit meiner Theorie. Wer fortan noch die Savigny'sche Formel über die Fortdauer des Besitzes aufrecht erhalten will, von dem darf ich erwarten, daß er über zwei Punkte Rechen-

197) Von demselben Juristen befindet sich noch ein Fragment in den Pandekten, worin er dieselbe Frage berührt, aber ohne das „diu" zu erwähnen: die l. 15 §. 1 de usurp. (41. 3).

schaft giebt, einmal darüber, wie sich die obigen Stellen, denen zufolge der Besitz im Fall anhaltender Vernachlässigung („non statim“, „post tempus“, longo tempore“, longo silentio“, „diu“) ohne Veränderung im corpus oder animus untergeht, mit der Savigny'schen Theorie vereinigen lassen, und sodann darüber: wie gerade das realste aller Rechtsverhältnisse, der Besitz, dazu kommen soll, von der Erforderniß der Realität, welches sonst für alle vermögensrechtliche Verhältnisse gilt, befreit zu werden? Das Eigenthum ging im alten römischen Recht durch Usucapion schon in einem, beziehungsweise in zwei Jahren unter, ebenso die Servituten durch Nichtgebrauch, die prätorischen Strafklagen verjährten in einem Jahre, rasch also consumirt sich nach römischer Vorstellung das Recht, wenn es der Realität, der Ausübung entbehrt. Aber den Besitz ficht der Mangel dieses Moments nichts an — für einen Methusalem würde er auch ohne dasselbe hundert Jahre und darüber fortdauern!

Aber, wird man mir einwenden: lex ita scripta est! die bekannte l. 153 de R. J. (50. 17) sagt ja ausdrücklich, daß der Besitz so lange fortdauere, bis animus und corpus in ihr Gegentheil umgeschlagen seien (in contrarium actum). Wie mißlich es ist, eine Theorie statt auf die concreten Entscheidungen der Quellen auf die Abstraction eines römischen Juristen zu gründen, darüber herrscht unter den Kundigen doch wohl nur eine Stimme, und die obige Regel von Paulus liefert in meinen Augen einen neuen Beleg zu dem Ausspruch der l. 202 de R. J. (50. 17): omnis definitio in jure periculosa est, parum est enim ut non subverti possit. Denn sie stimmt in keiner Weise zu den concreten Entscheidungen der römischen Juristen; wenigstens nicht, wenn man das „in contrarium actum“ in der Weise auffaßt, wie Savigny und die herrschende Lehre es thut. Um der oben von mir angeführten Stellen zu geschweigen, so frage ich bloß: wie paßt sie zu dem Untergange des Besitzes mit dem Tode? Am **corpus** ändert sich mit dem Tode nichts, es fällt nur der **animus** hinweg, aber dieser Wegfall des **animus** ist doch kein **animus in contrarium actus**; der „Wille zu besitzen" verwandelt sich hier ja nicht, wie Savigny es verlangt, in den „Willen nicht zu besitzen." Offenbart sich aber, wie es hier unzweifelhaft der Fall ist, zwischen der theoretischen Abstraction, der „**regula juris**" eines römischen Juristen, und den praktischen Entscheidungen unserer Quellen ein Widerspruch, so folgen wir nur der Anweisung, die Paulus selber uns in der **l. 1 de R. J. (50. 17)** ertheilt: **Non ut ex regula jus sumatur, sed ex jure, quod est, regula fiat,** wenn wir uns an das concrete Quellenmaterial halten und aus ihm uns die **regula juris** selber zu abstrahiren suchen, und gerade Savigny hat es uns in dieser Beziehung an einem Vorbilde nicht fehlen lassen [198]).

Ich will schließlich noch auf einen Einwand antworten, auf den meine im Bisherigen entwickelte Ansicht über die Fortdauer des Besitzes sich gefaßt machen muß. Wenn sie die Sorgfalt des richtigen Eigenthümers als Erforderniß der Fortdauer des Besitzes bezeichnet (S. 182), so wird man diesem Maß-

198) Ich verweise z. B. auf sein System **III** S. 346, wo er die in l. 7, 8 de jur. et fact. ignor. (22. 6) ausgesprochene Regel behandelt. „Wir widersprechen, sagt er hier, also nicht etwa durch dieses Verfahren unsern Rechtsquellen, sondern wir halten uns nur an deren sichere Entscheidungen im Einzelnen und behandeln die oben mitgetheilten Stellen als einen nicht gelungenen Versuch zur Aufstellung eines allgemeinen Princips." Hätte Savigny sein Werk über den Besitz nicht als dreiundzwanzigjähriger Mensch, sondern als gereifter Mann geschrieben, er würde vielleicht auch der obigen Regel des Paulus gegenüber dasselbe Verfahren in Anwendung gebracht haben.

stab wahrscheinlich den Vorwurf der Unbestimmtheit machen. Auf diesen Vorwurf antworte ich einfach mit der Verweisung auf die Lehre von der **culpa**. Die beiden Maßstäbe, deren sich die Römer für sie bedienen: die der Sorgfalt des tüchtigen Geschäftsmannes und des gewöhnlichen Menschen sind um nichts bestimmter, als der meinige, und ich bin überzeugt, daß letzterer in der Anwendung ungleich seltener zu Zweifeln führen wird, als jene beiden, ja ich wiederhole meine obige Behauptung (S. 163), daß Bürger und Bauer die Frage: ob ein Besitz vorhanden sei oder nicht, nach meiner Theorie mit ungleich größerer Sicherheit zu beantworten im Stande sind, als nach der Savigny'schen die Coryphäen der Jurisprudenz!

Ich fasse das Resultat meiner ganzen bisherigen Untersuchung in folgende Sätze zusammen:

> Der Besitz verdankt seine Erhebung zu einem juristisch bedeutungsvollen Verhältniß nicht sich selber, sondern dem Eigenthum. Um dem Eigenthümer gegen gewisse Angriffe einen leichteren Schutz zu gewähren, als die **reivind.** sie ihm bietet, ist an die Stelle des Beweises der rechtlichen die der bloß thatsächlichen Existenz des Eigenthums gesetzt — eine Voraussetzung, die, regelmäßig mit dem wirklichen Eigenthum zusammentreffend, in den Fällen, wo dies ausnahmsweise nicht der Fall ist, auch den Nichteigenthümer dieses Schutzes theilhaftig macht. Aber diese Wirkung bildet nicht den Zweck des Besitzinstituts, sondern eine unvermeidliche Consequenz desselben.
>
> Die Idee des Besitzesschutzes in ihrer vollen Wahrheit und Allgemeinheit erheischt Schutz gegen jede wider den Willen des Besitzers vollzogene Besitzverletzung — eine Anforderung, die das ältere römische

Recht noch nicht realisirt hatte, indem es den Schutz nur auf gewisse Verletzungen beschränkte, der aber das neuere römische Recht im vollen Umfange nachgekommen ist.

In der Beziehung zum Eigenthum liegt der Schlüssel zum Verständniß der ganzen materiellen Besitztheorie: sowohl für die abstracte Ausdehnung des Besitzinstituts — sie geht völlig parallel mit dem Eigenthum — als für die Erfordernisse des concreten Besitzes — sie reduciren sich auf den Gesichtspunkt des dem Eigenthum entsprechenden äußern Verhältnisses zur Sache. Die Bezeichnung des Besitzes als die Thatsächlichkeit oder Sichtbarkeit des Eigenthums schließt die ganze Besitztheorie in sich.

Intelligenzblatt zu Jhering's Jahrbüchern.

Verlag von S. Hirzel in Leipzig.

GAII INSTITVTIONES

CODICIS VERONENSIS APOGRAPHVM

AD GOESCHENI HOLLWEGI BLVHMII SCHEDAS

CONPOSITVM SCRIPSIT LAPIDIBVSQVE

EXCEPTAM SCRIPTVRAM

PVBLICAVIT

EDVARDVS BÖCKING

ACCESSERVNT

GOESCHENI DE CODICE VERONENSI PRAEFATIO

ET

INCERTI AVCTORIS DE IVRE FISCI QVAE SVPERSVNT

REGIAE SCIENTIARVM ACADEMIAE BEROLINENSI

DEDICARVM OPVS.

Ein Band in gr. 8. Preis: 2 Thlr. 20 Ngr.

Das vorliegende „Apographum" des Veroneser Palimpsestcodex, der die Institutionen des Gaius erhalten hat, gewährt von demselben ein so treues Bild, als die Beschaffenheit der Handschrift überhaupt gestattet, indem diese Ausgabe nicht bloss Seite auf Seite und Zeile auf Zeile des Originals, sondern auch sämmtliche Abkürzungen desselben wiedergiebt und an den schwer lesbaren Stellen die verschiedenen Entzifferungsversuche Göschens, Hollwegs, Blumes, d. h. aller derer, die die Handschrift gelesen haben, nach den Originalpapieren neben einander stellt. Diese Darstellung der Handschrift, von dem Herausgeber selber durch autographischen Umdruck ausgeführt, ist nicht bloss für jeden, der sich mit dem Studium des Gaius ernstlich befasst, unentbehrlich, sondern auch für den Philologen überhaupt insofern von höchster Wichtigkeit, als diese Handschrift nicht nur überhaupt zu den ältesten und merkwürdigsten gehört, die wir besitzen, sondern auch von der juristischen Paläographie der klassischen Zeit der römischen Jurisprudenz, sie einzig und allein uns eine Vorstellung gibt.

Druck von Friedrich Mauke in Jena.

Printed in Dunstable, United Kingdom

91221360R00121